이광녕 교수의 명품시조 200선 평설

현대시조의 맛과 멋

이광녕 편저

열린출판

■ 저자의 말

'명품시조의 맛과 멋'을 감상할 기회를 얻는다는 것은, 작가로서 수준 높은 작품을 쓰게 되는 계기가 되기에 필수적인 준비 절차이다.

필자는 오랫동안 '현대시조의 맛과 멋'이라는 표제를 내걸고 시조를 심층 연구해 왔을 뿐만 아니라, 해당하는 작품들을 문학신문에 시조평설로 연재하여 작품의 가치를 높여 왔다. 이 책에 실린 작품들은 <한국문학신문> '이광녕 교수의 시조의 향기' 코너에 '현대시조의 맛과 멋'이라는 표제로 연재되었던 명품들이다. 이 책에 실린 작품들은 엄격한 선정과 평설을 통해서 그 수준이 검증된 것들로서, 시조강좌나 여러 문예지 등을 통해서 이미 알려진 것들이 많다.

'평설評說'이란 비평의 붓을 든 작가에겐 매우 부담스러운 문필 작업이다. 맡겨진 작품 중에서 평설의 대상이 될 만한 대표작들을 뽑아내야만 하며, 그 선정된 작품들을 일일이 분석해 봐야 하고, 객관적인 잣대로 평가하면서 논리와 이치에 맞게 의견을 곁들이면서 비평적 안목으로 시평을 전개해 나가야 한다.

그런데, 평설자가 이 과정에서 겪게 되는 가장 큰 고민거리는 흠결이 많은 작품에 대한 날카로운 지적과 비판의 문제이다. 주어진 작품에 대하여 본 대로 느낀 대로 거침없이 평가한다면 크게 어려울 게 없다. 해당 작품을 창작한 작가의 감성과 시적 상황을 고려하여 날카로운 예봉으로만 칼날을 휘두를 수 없는 것이 평설자의 솔직한 고민이다. 만약에, 평설자가 아무런 배려 없이 본 대로 느낀 대로 그대로만 평가하여 발설한다면 작품을 창작한 작가 본인은 경우에 따라서 용기를 잃고 자존심에 큰 상처를 입어 창작 의욕을 잃고 붓을 내려놓고 절필할 수도 있다. 그러기에, 평설자는 이런 점을 염두에 두고 넌지시 돌려서 표현하는 평가 방법을 적용해서 "꿈보다 해몽이 더 좋더라"라는 평을 받아내야 하니 그 얼마나 어려운 문필 작업인가!

이번 『현대시조의 맛과 멋』 명품시조 200선은 이런 면에서 비교적 그 부담을 덜었다. 왜냐하면 오랜 기간 동안 심사숙고하여 명품을 고르고 골라 선정된 작품을 실었기에 지적보다는 칭송이 많으며, 작품의 우수성도 검증된 수작들이기 때문이다.

독자들은 이 작품들과 해당 평설을 읽음으로써 작품을 가늠하는 안목을 넓히게 되고, 명품시조 습작의 요령과 기법을 습득하게 될 것이다. 아무쪼록 이 『현대시조의 맛과 멋』 명품시조 200선이 시조단은 물론 모든 창작자들에게 시조 습작의 새 지침서가 되어 시조 발전의 큰 밑거름이 되길 기대한다.

2023년 仲秋 三盆齋에서

이광녕 識

■ 차례

■ 저자의 말 __ 5

• 단시조 선 •

강재일	근조화환	15
구연백	빈집	16
구충회	박꽃	17
김남재	엄마의 웃음	18
김명호	고사목枯死木을 보고	19
김미경	연륜年輪	20
김상옥	부재不在	21
김선희	3월에 내리는 눈	22
김숙선	핑계	23
김숙희	어떤 죽음	24
김영수	벙어리	25
김영진	종점	26
김월한	쇠똥구리의 역사役事	27
김윤숭	길	28
김태자	어느 날	29
김흥열	독거노인	30
노을재	목련木蓮	31
대 우	인생사	32
리영해	만남의 축복	33
맑음물	장마철에	34
문복선	눈 감으면	35
박연신	산山이 되어 있는 슬픔	36
박필상	팽이치기	37

배우식	연緣, 연꽃	38
변인숙	도루묵	39
서일옥	안개	40
송경태	노년의 행복	41
송선영	강강수월래	42
신길수	섬진강 저녁놀	43
신혜담	어머니 가신 길	44
심성보	염소	45
안영희	그리움	46
원용우	그녀	47
유상용	바위	48
유성규	죽음은	49
이광녕	금	50
이광수	단장을 버리나이다	51
이근구	구십령 고갯길	52
이상범	족자를 들추다가	53
이우걸	팽이	54
이일희	공부	55
이효봉	매듭 풀기	56
이흥우	꽃샘추위에도 봄은 웃는다	57
이희승	벽공碧空	58
전원범	벌레 두 마리	59
정완영	고향은 없고	60
정유지	꿀단지	61
정표년	찻잔을 씻다가	62
조 운	석류石榴	63

조흥원	복수초	64
채현병	울 엄마	65
최남선	혼자 앉아서	66
최숙영	갈대여	67
최순향	옷이 자랐다	68
최찬영	수목장	69
하순희	그리움	70
황의수	입춘立春	71

• 연시조 선 •

강기재	효자손	75
강현덕	길	76
구본일	발바닥의 꽃향기	77
권갑하	은하수 햅별 밥상	79
권오운	희수喜壽	80
권천학	만파식적萬波息笛	81
남농촌	농부의 노래	83
김광식	천사표 내 여동생	84
김귀례	해송海松	86
김남환	토함산의 낮달	87
김달호	양재천 사계	88
김민정	영동선에 잠들다	90
김병렬	두향제杜香祭를 위하여	91
김부배	세월의 꽃	92
김성덕	회복기의 노래	93

김성수	낚시론	94
김성숙	순례하는 달팽이	96
김순란	그의 농원	97
김신아	애고나 끌끌	98
김연송	어쩔 수 없네	99
김영애	거울	100
김영우	불멸의 운곡 정신	101
김영일	묏버들 고운 뜻은	102
김영재	마음	103
김옥선	바다	104
김용채	모질도耄耊圖 숨비소리	105
김은자	구름이듯 바람이듯	107
김의식	숲의 교향곡	108
김종상	눕지 말고 걸어야	109
김지숙	화왕계	111
김지운	은밀하고 위대하게	112
김진월	사랑의 속삭임	113
김차복	부채를 펼쳐 들고	115
김태균	폭포	116
김태희	연서戀書	117
김해곤	허공	118
노재연	군밤 장수	119
라현자	눈깔사탕 제사상	120
류각현	사투리	121
리강룡	쇠별꽃의 하늘	122
모상철	버나재비	123

문경훈	고추 말리기	124
문순자	박달나무 꽃피다	125
문영길	목어木魚	126
문장수	익선관 매미의 외침	127
민분이	서울 낙타	128
박금선	보릿고개	129
박명옥	보리의 일생	130
박영숙	군자란 부부	131
박용한	허난설헌 곡자시비 앞에서	132
박우촌	소금의 꿈	133
박초야	할아버지의 계급	134
박헌오	시의 몰골	135
박희옥	거미 눈, 마주치다	136
배종도	수학여행	138
백상봉	고향에서	139
백수	적막한 봄	141
변우택	단월십륙가丹月十六歌「춘흥」	142
송가영	접시꽃	144
송수현	퇴직 여한	145
신계전	맞수	146
신승화	낙엽	147
신여선	넋두리	148
신용우	못 부친 하얀 편지	149
신웅순	한산초韓山抄	150
안승남	생선구이	152
안태영	마를린 몬로 장미	153

안해나	고드름 애정사愛情史	154
양혜순	소나무	155
염을용	이은방 시백님을 기리며	156
우성훈	미완의 여백	157
우형숙	일출日出	158
원수연	너의 진심	160
월호	춘설春雪	161
송귀영	고달픈 삶	162
유권재	꽃	163
유귀덕	족쇄	164
유기충	눈 내리는 밤	165
유준호	엇노리	166
윤석훈	천사의 동영상	167
윤주동	바람의 열풍과 온풍	168
윤희육	노가리 호프 골목	169
이강	매화梅花	170
이광녕	호박꽃을 그리며	171
이남순	그곳에 다녀왔다	172
이남식	방관자	173
이도현	청려장青藜杖	174
이만길	돼지가 웃었다	175
이명재	끈질긴 믿음	176
이봉수	황태덕장	177
이분옥	새내기 시인의 꿈	178
이미숙	몽돌	179
이병란	좁쌀 선생의 변辯	180

이석규	달항아리	181
이소정	억겁의 인연	183
이순향	고인돌	185
이영도	무제無題	186
이영주	시들지 않는 꽃	187
이우종	가을 이미지	188
이원용	비누	189
이일향	낙일	190
이재호	서울 잠자리	191
이정순	간월도看月島	192
이정자	군자란君子蘭	193
이종철	공원 벤치 풍경	194
이태순	생무지	195
이태희	외기러기	196
이한창	촌놈의 독백	197
이향재	천년 바우	198
이 헌	그리움	200
이희란	유월의 소년	201
임만규	사막에서	202
임병웅	내 반쪽	203
임성구	풍금을 그리는 밤	204
임연혁	8월 해바라기	206
임화선	달항아리	207
장금렬	억새 바람	209
장성덕	돌민정음	210
장숙자	복사꽃을 아시나요	212

장은수	애기똥풀 자전거	214
장희구	박태기꽃 앞에서	216
정용현	미치광이 풀꽃	218
정은정	눈꽃보다 더 눈부셔라	219
정진상	노욕老慾	220
조건상	세월의 붓 잡기	221
조국성	곰소는 물의 사리舍利	223
조영두	무릉을 꿈꾸며	224
조영희	산수유	225
진길자	볏짚의 하소	226
차영규	마음이 시큰한 날	227
차영호	삼회三悔	228
천옥희	풀잎 사랑	230
최언진	열쇠	231
최은희	노랑 코스모스	232
최재영	참새들의 일	233
최정희	훔치고 싶은 사람	234
최추상	저것 봐, 움 트네	235
최순향	이런 미학	236
한익환	회춘의 꿈	237
한휘준	매화꽃 한 가지 피워 놓고	238
함세린	겨울꽃	239
허용희	망부석望夫石	240
황인만	항아리	241

명품시조 200선 · 단시조

근조화환謹弔花環

강재일

목발에 의지한 채 벽을 등진 배경 되어
사자死者와 시든 동행 생을 바쳐 지키려는
목 잘린 갸륵한 도열堵列 비장함에 목멘다.

평설

　요즘은 돌잔치나 혼례식에 초대받기보다는 부음을 받고 장례식장에 가는 경우가 더 많다. 신생아 수는 적고 사망자 수는 많으니 곧 다가올 인구절벽이 두렵다.
　이 글은 상가에 도열해 있는 근조화환에 대한 감성을 문상자의 입장에서 표현한 것이다. 상가에 들어서면 가신 이에 대한 애도의 마음과 유가족의 슬픔 때문에 대부분 숙연해진다. 어떤 상가喪家에 들어서면 숙연함이 지나쳐, 그 엄숙하고 비장한 분위기에 문상하는 이의 마음을 무겁게도 한다. 도열해 있는 근조화환도 그 수가 너무 많아 헤아릴 수 없이 많은 경우에는 위압감이, 너무 적을 경우에는 쓸쓸한 인상을 주기도 한다. 근조화환은 사자死者에 대한 애도의 마음을 꽃으로 나타낸 것이다. 그런데, 때로는 '근조謹弔'라는 말의 '弔'자를 '吊'자로 써서 '근조謹吊'라고 표기된 것을 보는데, 이는 '삼가 목을 매다'는 뜻도 지니고 있으므로 고인을 기리는데 크게 어긋나니 조심해야 된다.
　이 글은 이러한 '근조화환'의 의미를, 비록 사자死者와의 시든 동행이시만, '목 잘린 갸륵한 도열'에다 비유하면서 그 비장성을 부각시킨 훌륭한 단시조이다.

빈집

구연백

허전한 옆구리에 구멍 뚫린 항아리로
바람만 들어앉아 주인 없는 허허로움
대문 옆 우체통에는 옛정 매매 명함 한 장.

평설

  요즘 운전하고 시골길을 가면 사람 구경하기 힘들다. 어린이들은 좀처럼 만나기 어렵고 고목나무 아래 장기판 벌이며 옹기종기 모여 있던 어르신들 만나기도 쉽지 않다. 그러니 초행길에 길을 물어도 물어볼 사람이 없으니 좀 답답한 노릇이다. 그러다가 동네에 들어서면 종종 빈집을 맞이하게 되는데, 그 쓸쓸함과 황량함은 나그네의 마음을 더욱 허허롭게 만든다.
  이 글은 이러한 빈집에서 느끼는 나그네의 심정을 정형 리듬의 짧은 형식을 통해서 아주 함축적으로 잘 표현해 낸 단시조이다. 돌보지 않아서 허전하기 짝이 없는 집의 담벼락, 그리고 구멍 뚫린 채로 나뒹구는 항아리, 바람만 들어앉아 있는 빈 공간, 그리고 대문 옆 우체통에는 이 집의 전통과 살던 이의 인정까지 매각돼야 하는 명함 한 장이 꽂혀 있으니, 찾아온 이의 심정은 참으로 허허롭기 짝이 없다.
  이 글의 키 워드는 '옛정 매매 명함 한 장'이다. 사라져가는 옛것에 대한 그리움의 정서가 함축되어 있기 때문이다. 역사 속으로 사라져가는 전통적인 멋에 대한 아쉬움의 정서가 압축적으로 잘 드러난 멋진 단시조다.

박꽃

구충회

순결한 척 청초한 척 호박씨 까더니만
하얀 달빛 쏟아붓는 밤에만 피더니만
초가집 여기저기에 달덩이만 퍼질렀다.

평설

　박꽃! 박꽃은 이름만 들어도 소박한 느낌이 든다. 박꽃은 한여름에 피며 흰 색깔로 밤에만 핀다. 어찌 박꽃은 밤에만 피는 것일까? 밤새워 사랑에 목마른 소박한 여인네의 상사相思이기에 부끄러워서 그런가 보다. 조선조 가객 김수장金壽長의 글에 의하면, '매화는 한사寒士요, 박꽃은 노인이라' 하였다. 고인은 백발노인을 연상하여 노인으로 비유했는지는 모르나, 필자의 생각으로는 노인보다는 사랑에 목말라 하는 소복 입은 여인네의 모습일 터이다. 이 글의 작가는 이러한 박꽃의 이미지를 의인화 기법으로 아주 적절히 잘 묘사해 내고 있다.

　사랑은 함부로 잘 드러내지 않는다. 이 글은 관찰자의 입장에서 부끄러운 듯 내면 심리를 숨기면서 자신의 애정 욕구를 은근히 다른 곳에 전이·투사함으로써 충족을 채우려는 사랑 보상심리를 잘 그려내고 있다. 겉으로 청순한 척하지만 뒤로는 호박씨 까는 여인네, 그러기에 투정 심리의 산물인 사랑의 달덩이만 여기저기 퍼질러 낳아놓고 뒹굴리고 있다. 어쩌면 시골집 향수를 떠올리게도 하는 이 글은 공감력과 묘사력이 뛰어난 좋은 작품이다.

엄마의 웃음

김남재

소리는 웃음인데 그것이 웃음일까
찐 감자 데일까 봐 얼음 손이 시릴까 봐
상처 난 아이 손에도 웃음 웃듯 호호호.

평설

　이 글은 어머니의 웃음을 소재로 그것이 주는 특별한 의미를 단수 시조로 표현하였다. 다른 사람의 웃음과 어머니의 웃음은 그 속성이 다르다. 작가는 거기에 사랑 차이가 있다고 보고 있다. 어머니의 웃음은 즐기자고 웃는 웃음이 아니고 자식의 아픔을 내 것처럼 여기는 자애로운 마음에서 우러나온 웃음이다. 이 글은 그러한 주제성을 잘 드러내기 위하여 종장에서 '호호호'라는 음악적 리듬의 시어를 선택하여 완결의 미적 가치를 고조시키었다. '호호호'는 웃음이라기보다는 데었을 때 또는 손발이 시렸을 때 불어주는 사랑의 진실 행위가 아닌가!

　무슨 일이든지 뒷맛이 좋고 깨끗해야 한다. "뒷맛이 씁쓸하다"라는 말을 많이 듣게 되는 경우는 이러한 종결의 미가 부족할 때이다. 이 시조는 말미에 적합한 주제적 시어를 배치함으로써 그 인정미와 완결미가 돋보이는 멋진 글이다.

고사목枯死木을 보고

김명호

그 나무 죽어서도 품격을 지키는데
사람들 살기 위해 비루함 마다 않네
번뇌를 멀리 했으니 복福이런가 하노라.

평설

    고사목은 오래된 죽은 나무다. 시를 죽은 시와 살아 있는 시로 나눌 수 있는데, 이 글의 제재는 죽은 나무지만 글 내용은 생명성을 희구하는 살아 있는 시이다. 우리네 인간의 욕심은 끝이 없다. 살기 위해 또는 명예를 높이기 위해 온갖 비열함과 비루함을 마다하지 않는다.

    이 글은 외딴곳에 홀로 우뚝 솟아있는 고사목을 보고 그 모양에서 터득한 인생의 깨달음을 시적 풍류를 곁들여 함축적 기법으로 표현해 낸 범상치 않은 단시조이다. 비록 육신은 죽어 고사했을지라도 비루하고 비열한 세상 번뇌를 멀리 떠나 품격을 지켜내며 하늘 보며 안식하고 있으니, 그것을 어찌 복이라고 아니할 수가 있으랴!

    특히, 이 글은 제재가 고사목이기에 '하노라'라는 말미의 허사로써 고풍스러운 운치를 더하고 있다. 다 벗고, 다 내려놓고 홀가분하게 번뇌를 탈속한 초월자의 노래라고 할 수 있으니, '평범 속에 진실'이 발견되는 생명력 있는 멋진 시조다. 비록, 나이 들어 시든 모습이 보일지라도 세상 욕심을 탈피한 초월자의 고고한 모습으로 살아가고자 하는 작가의 의도가 번득이는 좋은 단시조다.

연륜年輪

김미경

흐려진 두 눈으로 천 리를 내다보고
어두운 귀둥냥에 꿰뚫는 세상만사
글 한 줄 읽지 못해도 백과사전 읊는다.

평설

　연륜으로 다져진 리더가 천하를 얻는다. 연륜은 겉으로는 잘 드러나지 않는 능력을 갖추고 있다. 중국의 역사를 보면, 최후 승리자 한漢의 유방劉邦은 초楚의 항우項羽보다 14살이나 많고, 삼고초려로 유명한 유비劉備는 제갈량諸葛亮보다 20살이나 많다. 축적된 지혜가 인생의 승리를 가져온다. 옛 집안의 어르신들은 농사를 지을 때도 경험과 연륜으로 지었고, 집안의 대소사도 연륜으로 지혜롭게 척척 해결해 나가셨다.
　인생 경륜이 켜켜이 쌓인 어르신들은 마땅히 존경받아야 된다. 노인들은 늙어서 눈이 흐리고 귀가 어두워도 그 내면에는 세월 따라 면면히 축적된 지혜의 보고가 있어 그 선견지명에 놀라운 면이 많다. 작가는 이것을 '백과사전'에 비유하였다.
　요즘은 안타깝게도 충·효·예와 경로정신이 많이 퇴색되었다. 연륜의 가치는 은근히 드러나는 법인데, 물질만능주의에 젖은 성급한 젊은이들은 이것을 도외시하기 일쑤다. 그래서 실수가 잦고 시행착오가 생기며 사회의 위계질서가 무너져간다. 전통 가치와 공경심이 사라져가는 안타까운 이 시대, 이 시조를 읊조리면서 할머니 할아버지들을 섬기면 우리 주변도 활짝 밝아지지 않을까.

부재不在

김상옥

문빗장 걸려 있고 섬돌 위엔 신도 없다
대낮은 아닌 밤중 이웃마저 부재하고
초목만 짙고 푸르러 기척 하나 없는 날.

평설

　초정艸丁 김상옥金相沃(1920~2004)의 시조는 섬세하고 유연하며 영롱한 언어 구사가 특징이다. 초정은 육당과 가람, 그리고 노산과 이호우로 이어지는 현대시조의 형성기에 크게 활약한 시조 작가이다. '초정 김상옥' 하면 교과서에 실렸던 그의 「봉선화」나 「백자부」를 떠올리게 된다. 그는 후기에 다소 혼란스러운 시조 형식을 선보였지만, 초기에는 시조의 전통적 형식 바탕 위에 한국적 서정성의 발현과 섬세한 언어 구사에 충실했던 작가였다.

　이 단시조 '부재不在'는 사람의 자취가 완전히 끊어진 부재적 공간을 정적靜的 사유의 깊이와 잣대로 적절한 시어를 차용하여 잘 묘사해 낸 기법이 눈길을 끈다.

　완전 부재나 무소유는 어쩌면 완벽함의 극치이다. 초정은 완전한 정적 고요의 공간을 시각적으로 형상화하여 신비경에까지 접근함으로써 색다른 작품 세계를 아주 잘 그려내고 있다. 고요 가운데 불쑥 내밀고 있는 초목의 '짙은 푸르름'은 고요 속의 대비 효과와 더불어 정중동의 감각까지 느끼게 하는 독특한 표현이나. 우리네 삶도 때에 따라서는 '완전 부재'나 '완전 무소유'의 경지에 들어감으로써 해탈의 기쁨을 맛볼 수 있지 않을까?

3월에 내리는 눈

김선희

때를 잊은 춘삼월 함박눈 쏟아낸다
액자 뒤 숨겨 놨던 남편의 비자금이
한순간 툭 떨어진다 봄 시샘한 보너스.

평설

   이 글은 춘삼월 함박눈에 비유된 남편의 비자금과 숨겨놔 두었던 그것이 쏟아져 내리는 상황을 흥미롭게 전개해 나갔다. 때를 잊고 뜻밖에 내리는 함박눈과 쏟아지는 남편의 비자금이 묘한 대비를 이루면서 관심을 불러일으키다가 흥미와 긴장감을 조성하면서 횡재를 만나게 되는 서정적 자아의 심리 묘사가 독특하다.

   형편이 어려웠던 예전의 남편들은 옷깃에 비밀 주머니를 만들어 아내 몰래 비상금을 숨기곤 하였다. 이 글에서 갑자기 방바닥에 툭 떨어져서 발견된 남편의 비자금은 아내에게는 엄동설한 꽁꽁 얼어붙었다가 쏟아져 내린 봄소식이요, 뜻밖에 횡재한 봄 보너스이기도 할 것이다. 부부간의 묘한 상관관계와 흥미로운 시상 전개가 독자들의 감동과 흥미와 공감을 불러일으키는 멋진 단시조이다.

핑계

김숙선

이 눔의 세상살이 이랬노라 저랬노라
허탈한 넋두리로 늘상을 삿대질하며
팔자에 없는 그 복을 낚싯대로 낚으랴.

평설

　돌이켜 보면, 세상일이 어찌 마음대로 호락호락 잘 굴러가랴, 살다 보면 풍랑도 있고 장벽도 있고 칼바람도 있는 것을…. 이 시조는 일 못하는 농부가 농기구 탓하듯 마음대로 안 되는 세상사를 넋두리하듯 투덜대고 있다. 허탈한 세상살이를 팔자 타령하며 저주하듯 넋두리하며 삿대질까지 해댄다. 그러면서도 일말의 복福을 기대해 보기도 하지만 마음대로 안 되는 현실에 불만을 토로하며 한탄하듯 저주하듯 낚시질에 빗대어 풍자하며 비꼬는 듯 반문해 보는 시상 전개가 흥미롭다.

　시는 고뇌하는 인생 문제를 해결하는 넋두리 장이요, 보상심리의 펼침 장이요, 화풀이 장이기도 하다. 이 글은 복福을 학수고대하는 서정적 자아가 자신의 허탈한 심리를 사투리 섞인 시어로 시상을 전개하여 특색을 살리고 반문의 형태로 종결지음으로써 주의를 환기시키고 있다. 허심탄회한 시어 구사와 적절한 풍자와 비유가 흥미성을 더해 주어 돋보이는 글이다.

어떤 죽음

김숙희

지폐 몇 장 손에 쥐고 삭정이로 누웠구나
은전 한 닢 받아들고 티 없이 웃던 사람
잡았던 이승의 끈도 놓고 보니 넉넉한 걸.

평설

　사람은 죽음 앞에서 진실해진다고 한다. 일찍이 인생은 '공수래공수거空手來空手去'라 했다. 이 글은 세상을 떠나는 이의 마지막 가는 인생길에서, 삭정이와 같은 모습으로 누워 있는 가는 자의 모습을 보고 인간의 탐욕과 연계시켜 삶의 허무함과 무상감을 단시조로 잘 표현해 내고 있다.
　대문호 톨스토이의 글 가운데 "사람에게는 얼마의 땅이 필요한가?"라는 단편이 있는데, 여기에 나오는 주인공 바훔의 일화는 우리에게 많은 의미를 던져 주고 있다. 해가 있을 동안에 밟고 걸은 땅은 전부 가지라는 촌장의 말을 듣고 바훔은 한 평이라도 더 차지하려는 욕심에 죽을힘을 다하여 온종일 헐떡이며 뛰다 돌아왔지만, 결국에는 귀착지에서 탈진하여 숨을 거두어 한 평의 땅도 차지하지 못한 채 세상을 등졌다는 허무한 이야기다.
　인생은 어차피 빈손으로 왔다가 빈손으로 가는 것, 집착을 버리고 잡았던 이승의 끈을 놓으면 마음 편하고 곧 넉넉해진다. 물질주의에 사로잡힌 현대인들은 이 시조를 통하여 조상들의 고귀한 선비정신인 '안분지족安分知足'의 도를 한 번쯤 되새겨 봐도 좋으리라.

벙어리

김영수

뜨거운 말을 삼켜 목젖이 타버렸습니다
차라리 손바닥에 불도장을 주십시오
가슴이 불집 같아도 꺼낼 수가 없습니다.

평설

 이 글의 화자는 드러나 있지 않으나, 시적 화자의 답답하고 가슴 타는 심정을 실감 있게 잘 표현하고 있다. 호소하는 듯한 어조와 초·중·종장에 걸친 균형 잡힌 시상 전개가 반복적이고도 강조의 의미로 전달되어 실감 실정을 더해 주고 있어 작품의 미적 가치를 높여주고 있다.

 뜨거운 말을 삼켜 목젖은 타버렸고, 그것을 다시 꺼낼 수도 없으니 그 얼마나 갑갑하고 가슴 터질 듯하겠는가! 그러니 차라리 손바닥에 불도장을 달라며 절규를 하고 있는 서정적 자아의 모습이 읽는 이의 가슴을 친다. 언어는 인간의 생명력인데, 그 언어를 구사 못하는 인간의 가슴 답답함이 얼마나 간절한 것인지 작가는 시조 3장의 단축된 기법으로 그 처절한 절규를 잘 드러내고 있어 깊은 감명을 제공해 준다.

 이 글은 강렬한 감각적 기법과 반복적 언술 기법, 그리고 호소하고 토로하는 듯한 어조의 표현 기법으로 독자들의 동조와 공감을 불러일으켜, 강인한 인상을 제공해 준 인상 깊은 단시조이다.

종점

김영진

햇살도 영양분도 열매에게 다 내주고
비바람 막아 내다 등이 굽은 늙은 나무
요양원 뒤뜰에 서서 지는 해를 보고 있네.

평설

　시조의 특성은 압축적 함축적이다. 이 글은 짧은 형식을 통하여 인생의 종점을 향해 달려가고 있는 요양원 노인의 처지를 아주 잘 그려낸 단시조이다.
　현대 사회는 출산율이 급격히 떨어져 조산원보다는 요양원이 우후죽순처럼 더 많이 번창하여 큰 성황을 이루고 있다. 그러나 물질주의와 이기주의가 팽배한 현대 사회에서 요양원에 대한 인식은 그리 달갑지가 않다. 무정한 인생 종착역이라는 인식 때문이다. 전통적으로 이어오던 효 사상은 퇴색해 가고 메마르고 삭막한 인정에 부모 모시는 일도 서로 미루니, 노인이 갈 곳이라곤 인생의 종점인 요양원밖에 없다.
　이 글에서 '열매'는 길러준 자식들을, '등이 굽은 늙은 나무'는 요양원의 노인을 비유한 시어이다. 고목나무처럼 요양원 뒤뜰에 서서 지는 해만 하염없이 바라보고 지낸다고 하니, 그 처지가 얼마나 서글프겠는가! 단시조로서의 함축적 묘미와 현대 사회의 노인 소외현상을 비유적 기법으로 잘 형상화해 낸 표현력이 돋보이며, 아포리즘의 미학이 반짝이는 좋은 시조다.

쇠똥구리의 역사役事

김월한

쇠똥구리 쇠똥알은 보석보다 빛나는 것
스스로 사랑하며 우주처럼 굴리는 것
온갖 것 다 버리고도 쇠똥알만 품는 것.

평설

　이 시조를 읽으면 '안분지족安分知足'이라는 성어가 금방 떠오른다.
　동그란 쇠똥알을 굴리고 가는 쇠똥구리에게는 쇠똥알만이 그의 전 재산이고 우주이다. 아무리 주변에 귀한 먹잇감이 있거나 보물이 있어도 쇠똥구리알만이 그의 전부이니 우리네 인간이 보기에는 그 얼마나 삶의 행동 방식이 아둔하고 우직스러운 일인가. 그러나 그러한 우직스러움에서 뭔가 본받을 점이 있다는 소박함마저 느끼는 것은 무엇 때문일까? 이 시조의 작가는 이러한 쇠똥구리의 행동 특징에서 우리네 인생 삶의 방식을 되돌아보고 그 주제 의식을 단수 시조로 아주 적절히 표현하고 있다.
　허황된 욕심을 부리면서 온갖 것을 다 가지려는 인간의 욕망, 쇠똥구리는 안분지족의 원통을 굴리면서 우리네 인간에게 삶의 방식을 보여주고 있다. 행복 지수는 '버림'에서 커지며, 불행지수는 더 가지려는 '욕심'에서 더 커진다. 이 시조를 읊조리면서 한 번쯤 인생을 되돌아보고 만족감에서 우러나오는 행복의 철학을 터득할 만하다.

길

김윤숭

길 아니다 겁낼 것 없네, 길 만들고 가면 되네
처음은 길 아니어도 다니면 길이 되네
나쁜 길 좋게 다니면 좋은 길로 가게 되네.

이 글을 읽으면 로버트 프로스트의 시, '가지 않은 길'이 떠오른다.

'길'은 다의적多意的 용어이다. '길'에는 사람이 다니는 길이 있고, 어떤 목적을 향해 나아가는 설정된 방향이나 인생길도 있다. 이 글에서 '길'은 단순한 사전적 의미의 '길'을 뜻하는 게 아니라, 함축적 의미를 지닌 '인생길'로 풀이하는 게 좋다. 여러 갈래로 나누어진 인생길, 어느 길을 선택하느냐에 따라서 그 운명은 확 달라지는 것이니, 누구든지 인생길의 선택에 있어서는 망설이지 않을 수 없다. 대부분 사람은 흔히 잘 닦여진 쉬운 길, 편한 길로 가려고 한다, 그러나 산삼山蔘은 사람들이 개척하거나 다니지 않은 험한 산골짜기에 숨어있다는 것을 알아야 한다.

심리학 용어 '피그말리온 효과'나 '로젠탈 효과'를 떠올리는 이 글에서 작가는 처음엔 길 아니어도 다니면 길이 된다고 하면서, 나쁜 길도 좋은 생각으로 다니다 보면 좋은 길이 된다고 밝은 시상을 전개하고 있다. 험난한 인생길에 좋은 생각을 갖고 인생을 개척해 나아가려는, 결 고운 의지와 긍정적인 생활 태도가 반짝반짝 빛나는 좋은 시조이다.

어느 날

김태자

그리운 이 두고서 다음에 오리라고
흔들리는 발길 돌려 일상으로 찾아드니
아련한 미련이 먼저 문 앞에서 기다리네.

평설

　단시조의 묘미는 압축적·함축적인 정서의 감칠맛이다. 시인은 사랑과 추억을 먹고 산다는데, 이 시조 역시 간절한 그리움의 정서에 맞닿아 있다. 인정과 사랑은 때로는 능동적으로 가까이 다가서야 하지만, 때로는 내색을 감추고 돌아서야 하는 때도 있다. '고슴도치의 딜레마'와 같이, 무분별한 다가섬은 오히려 단절의 상처를 낳는 결과를 초래할 수도 있으니, 인정과 사랑도 마음 다스림의 철학과 직결되어 있다.
　이 글은 간절한 그리움의 정서가 마음 다스림의 미학과 함께 압축적으로 잘 드러난 단시조이다. 그리운 이와 내심은 오래 더 머물고 싶지만, 그냥 떼어 놓고 돌아서야 했던 상황, 그 갈등 심리가 '흔들리는 발길'이라는 시어 속에 묻어 있다. 미련과 아쉬움을 느끼며 떨어지지 않는 발길로 집의 문 앞에 도착했지만, 그리움의 환상이 벌써 먼저 와서 문 앞에서 기다리고 있다는 표현이 절창이다.
　한국적 여인의 정서가 감춤의 미학인 '애이불비哀而不悲'에 있다고 했는데, 이 글은 '그리움'이라는 평범한 소재를 심리적으로 독특하게, 그리고 압축적으로 잘 표현해 놓은 감칠맛 나는 시조이다.

독거노인

김홍열

바람만 찾아오는 섣달 끝 판잣집에
고뿔 걸린 그믐달이 쪽방에 모로 누워
두 귀를 문밖에 두고 익은 소리 줍는다.

평설

　독거노인은 외롭다. 사방을 둘러봐도 정을 줄 사람도 없다. 물질만능주의와 이기주의가 팽배해진 현대 사회에선 나눔의 정이 인색하니 경로정신이나 효 사상도 메말라 있다. 아들딸에게 버림받고 배우자까지 잃어 오도 갈 데 없는 독거노인은 좁디좁은 쪽방촌 구석에서 사지도 못 뻗고 모로 누워 하루하루 겨우 목숨을 연명해 나간다. 그래도 혹시나 피붙이라도 찾아올까 좋은 소식이 없을까 학수고대하며 두 귀는 늘 문밖에 두고 있다.

　이 글은 이러한 쪽방촌 독거노인의 외롭고 소외된 모습을 효과적인 상황 묘사에 의해 잘 표현해 내고 있다. 이 글에서 '고뿔 걸린 그믐달'은 '병들어 쇠잔해진 독거노인'을 비유한다. 이 글은 하나의 짧은 단형시조로서, 소외계층에 대한 관심을 유발시키고, 노인 공경에 대한 경각심을 은근히 환기시키는 교훈적 가치가 은근한 감동을 준다.

목련 木蓮

노을재(최현진)

오므려 가둬두니 신열만 가득하여
이 아침 작심하고 속마음 열었더니
마침내 향기 나더라 절로 꽃이 되더라.

평설

　이 글은 시에서 잘 나타나는 비유적 이미지를 잘 살려낸 글이다. 모진 세월 오므려 지내던 유폐적 존재가 때가 되어 속마음을 열므로 인해 절로 꽃이 되어 향기롭고 우아한'목련'이 되었다는 것이다.
　'꽃'은 오랜 세월 모진 풍파를 견디어 내고 피어난 것이라야 꽃다운 꽃이다. 이렇게 피어난 꽃의 모습은 역경의 세월을 꿋꿋이 이겨내고 소망의 계절을 맞아 마음을 열고 피어난 아름다운 여인의 모습과도 일치할 것이다.
　아마도 이 시조에 등장하는 이러한'목련'의 모습은 바로 오랜 인고忍苦의 세월 끝에 마음문을 연 서정적 자아의 실체인지도 모른다. 이러한 서정적 자아의 실존 의식을 목련꽃에 의인화로 투사投射시켜 시상을 전개시켜 나간 고도의 비유 기법이 큰 감동을 주는 단시조다.

인생사

대 우

문틈에 우는 바람 달래고 잠재운 건
들보나 기둥 아닌 문풍지 한 장인 걸
인생사 꿈의 무게도 이런 것이 아니던가.

평설

 이 글을 읽으면, 일장춘몽一場春夢이나 한단지몽邯鄲之夢, 남가일몽南柯一夢과 같은 몽자夢字 고사가 떠오른다.

 이 글은 문틈을 울리는 바람을 달래고 잠재운 건 보잘것없는 문풍지에서 비롯되었다는 사실을 인생사의 꿈에 비추어 재치 있게 표현하였다. 인생의 꿈의 무게도 종국에는 한낱 덧없고 보잘것없음을 깨달은 시적 자아의 초월적 인생관이 절제미와 함께 간결하고도 진솔하게 드러나 있어 큰 감동을 준다.

 지나간 삶의 궤적을 돌아볼 때, 욕심의 무게가 종국에는 어디 그리 쓸모 있고 무슨 큰 비중이라도 있었던 것일까? 모두가 다 한낱 쓸모없는 허상이요, 껍데기요, 공수래공수거空手來空手去인 것을…. 시상의 함축과 깨달음의 인생철학이 반짝반짝 빛나는 좋은 단시조이다.

만남의 축복

리영해

씨앗이 옥토 만나 황금 들녘 그려내고
푸른 물 절벽 만나 폭포 절경 이뤘구나
석양도 구름 만나니 노을꽃이 황홀하네.

> **평설**

 이 시조를 읽으면 중국 연변지역을 일구어놓은 우리 조선족 동포들을 떠올리게 된다. '씨앗이 옥토 만나 황금 들녘'을 그려내었다니, 간도 지방으로 이주하여 피땀으로 불모지를 개간하면서 지금의 풍요로운 옥토로 만들어 놓은 우리의 씨앗, 우리 동포 선조들을 어찌 떠올리지 않을 수 있을까?
 백두산 천지天池의 푸른 물도 가파른 절벽을 만나 장백폭포의 절경을 이루었으며, 종장에서, 늙어가는 우리네 인생도 호된 시련을 만나야 더욱더 아름다운 노년의 인생 꽃을 피울 수 있다고 하니, 연변 작가로서 그 비유와 시상의 전개가 놀라울 정도로 뛰어나다.
 우리의 핏줄 동포들은 연변지방을 옥토로 만들고 문명 도시로 만들어 상전벽해의 기적을 이룩해 놓았다. 그뿐만 아니라, 연변 작가들은 고국 작가들을 만나 우리의 뿌리 문학인 시조와 전통문화를 생명처럼 사랑하고 작품 창작에 몰두하여, 이렇게 뛰어난 시조 작품도 일구어 놓았으니, 그 열정과 겨레 사랑 정신이 놀랍기만 하다.

장마철에

맑음물(함세린)

낙숫물 고인 자리 기왓장 넓이만큼
하늘의 호통 소리 짊어진 업장만큼
인간사 고달픈 길에 매듭진 인연만큼.

평설

　세상 사람들의 욕심은 끝이 없다. 행복의 지수는 마음먹기에 따라 그 척도가 달라지는 것인데 대부분의 사람들은 늘 과분한 복을 자꾸 추구하며 불행하다고 느낀다. 누구든지 타고난 복이 있는 법, 그 복을 누리며 건전하게 노력하다 보면 더욱 복된 행운의 집 대문도 열릴 것이다. 받은 복대로 마음을 비우고 큰 욕심 없이 분수껏 사는 것은 참으로 아름답다. 하늘에서 떨어진 낙숫물 고인 자리는 그 기왓장 넓이만큼 정확히 자리를 차지하고 있지 않은가!

　제 분수에 맞는 욕망의 크기가 바로 행복의 집이다. 이 글의 작가는 하늘이 주신 자신의 처지를 인지하고 더도 말고 덜도 말고 짊어진 업장만큼, 매듭진 인연만큼 안분지족하며 세상을 살아가리라 마음먹고 있다. '~만큼'이라는 말의 반복으로 분수를 강조하고 '일체유심조一切唯心造'를 마음속에 심어주면서 인생 순명順命의 도를 일깨워주고 있는 이 시조는 읽을수록 감칠맛이 나는 멋진 시조이다.

눈 감으면

문복선

눈 감으면 어리는 건 남쪽 하늘 파란 바람
넘어 넘어 꽃향기가 묻어오는 아침나절
청보리 고갯마루엔 산새알이 뜨겁다.

평설

  이 글은 눈 감으면 떠오르는 남녘의 그리운 산하를 감각적 기법으로 실감 나게 표현하였다. 아마도 꽃향기 일렁거리는 그리운 남녘 향토에는 바람도 하늘 닮아 '파란 바람'일 것이며, 고갯마루엔 '청보리'가 반길 터이다.

  이 작품에서 가장 감각적 표현이 두드러진 시구는 촉각적 이미지를 드러낸 종구의 '산새알이 뜨겁다'이다. 어릴 적 뒷산 풀섶의 보금자리 속에 들어앉은 따뜻한 온기의 산새알을 만져보지 못한 이에게서는 이런 감각적 표현이 안 나올 것이다.

  감각적 표현이나 섬세한 묘사는 실감실정의 멋을 느낄 수 있는 작시법이다. 어릴 적 동심의 세계로 돌아가 향토적 서정을 떠올리며 고향의 정을 맛볼 수 있으니, 각박한 현실에 갇혀 있는 도시인들에게 신선함을 제공해 주는 좋은 시조이다.

산이 되어 있는 슬픔

박연신

지금도 눈 감으면 눈물 당장 쏟아질 꺼야
방울방울 뚝 뚝 뚝 바위 뚫어질 꺼야
아니야, 어마어마한 산 와르르 무너질 꺼야.

평설

    이 글에는 여성적 한의 정서가 주조를 이루고 있다. 자아의 모습을 눈물덩이로 인식하면서 방울방울 뚝뚝뚝 터져 나오는 슬픔이 바위도 뚫고 어마어마한 산도 무너질 거라고 토로하고 있다. 엄청난 슬픔 앞에 직면해 있는 터질 듯한 서러움의 정한이 자신을 넘어 온 세상을 무너뜨리고 싶도록 애절하다.

    이 시조는 문학적 기교나 비유보다는 충일한 감성의 표출로 독자들에게 전달되는 시상 메시지가 매우 강하다. 여자가 한을 품으면 오뉴월에도 서리가 내린다고 하였다.

    아마도 작가 자신도 스스로 무너져 있는지도 모르며, 구구절절 독백적인 여성적 어조로 감성을 살려낸 솜씨가 독특하다. 그리고 각 장의 말미에 '꺼야'라는 추측성 의미소를 반복적으로 배치함으로써 한에 찬 슬픔의 정서를 미적으로 승화시키고 있다. 이 글은 한의 정서가 슬픔의 미학으로 대체되어 여성적 비장미의 극치를 이루고 있다.

팽이치기

박필상

회초리 들었다고 학대라 하지 말게
비틀비틀 쓰러질 때 일으켜 세워 주며
정신 줄 놓지 말라고 종아리를 쳤다네.

평설

 옛 서당의 학동들은 학문을 할 때 회초리 맛을 많이 받아 보았다. 가르친 경문을 못 외운다거나 학습 태도가 불량할 때에는 매서운 회초리가 그 기능을 다하였다.
 필자는 '회초리'를 '회초리回初理'라 풀이해 본다. 처음의 약속과 다스림대로 다시 돌아오라는 뜻이다. 불가에서 수행자를 지도할 때 사용하는 법구로 '죽비'라는 것이 있는데 그것도 일종의 회초리와 같은 역할을 한다.
 요즘엔 시골 논바닥에서 팽이치기하는 모습을 통 볼 수가 없다. 예전 아이들은 겨울철 얼음 논배미에 나가 팽이치기에 여념이 없었다. 팽이는 세차게 때릴수록 잘 돌아가는데, 팽이치기의 기술은 팽이채를 어떻게 요령껏 내려치느냐에 달려 있다.
 이 시조에서는 팽이 치는 행위를, 사람을 살려내는 회초리의 기능에 비추어서 단수 시조의 운율에 맞추어 재치 있게 표현하였다. 종아리를 치는 모습은 마치 팽이를 치는 모습과 유사하다. 쓰러지려는 팽이는 세차게 때릴수록 더욱 잘 살아난다. 우리네 인생도 그렇다. 충효예忠孝禮 정신이 혼미하고 학문을 게을리하며 도덕심이 땅에 떨어진 현대 사회, 누구든 정신 못 차리고 비틀비틀할 때에는 따끔한 그 회초리의 맛이 특효약이리라.

緣緣, 연꽃

배우식

저 혼자 피는 꽃이 세상에 어디 있으랴
하늘과 해와 연꽃, 인연因緣 따라 피는 것을
나도야 저와 같은 연으로 꽃 한 송이 피워볼까.

'인연'이란 인因과 연緣으로 이루어진 말로서, 만물 '인연설'과 관계가 있다. 여기서 '인因'이란 나로부터 비롯되는 원인 주체를 말하며, '연緣'이란 '나'와 상대되는 '너' 또는 우주의 주변 환경을 의미한다. 만물은 이렇게 혼자되는 법이 없고 모든 것이 '인'과 '연'이 얽혀져서 '과果'를 낳게 되는데 이 글은 이러한 만물 인연설을 떠올리며 시상을 전개해 나간 솜씨가 범상치 않다.

이 글에서 '연꽃'은 시상의 전개로 보아 '蓮花'의 의미도 있지만, 그보다는 '緣'의 의미를 짙게 깔고 있다. 꽃은 혼자서 피어나는 것이 아니고 우주 만물의 어우러짐, 즉 너와 해와 달과 땅과 주변의 모든 인연에 따라 피어나는 것임을 심도 있게 표현해 내고 있다.

하나의 인간이 어찌 혼자의 힘으로 세상에 설 수 있으리요. 아버지와 어머니의 만남의 인연이 있어서 그 결과로 내가 이 땅에 존재하는 것을…. 그러기에 이 시조의 종장에서 말하고 있는 것처럼, 무릇 사람이란 아름다운 인연을 맺어 아름다운 '꽃 한 송이'로 고이 피어나야 할 고귀한 존재라는 것을, 시적으로 잘 표현해 낸 멋진 단시조이다.

도루묵

변인숙

은어라 불러주면 비늘조차 황홀하고
도루묵 불러내면 그 맛조차 텁텁하다
얄궂다 달면 삼키고 쓰면 뱉는 세상사가.

평설

  이 글이 흥미로운 것은 단 3장의 범위 안에서 '도루묵'에 대한 일화와 그에 따른 교훈적 의미를 넌지시 던져 주고 있다는 점이다.

  임진왜란 때 선조 임금이, 피난처에서 맛있게 먹었던 은어(본래는 '묵')를 전쟁 끝나고 다시 돌아와 궁에서 먹어봤더니 그때 그 맛이 안 나고 너무 맛이 없어서 '도루묵'이라 했다는 이야기가 있다. 흔히 세상 사람들은 달면 삼키고 쓰면 뱉어낸다. 대인관계에 있어서도 상황이 불리해지면 금방 배신하고 조변석개하는 소인배들의 심보를 경계해야 한다, 어떠한 상황이 도래해도 변치 않고 사랑하며, 일편단심 늘 꾸준하고 믿음직한 태도로 이어졌을 때, 너와 나의 신뢰감이 쌓여지며 장막이 없는 아름다운 세상이 펼쳐질 것이다.

  단시조로 된 이 글은 '감탄고토甘呑苦吐' 하는 얄팍한 세상인심을 도치법에 따른 구성으로 매우 잘 표현해 내고 있다. 시조의 맛과 멋은 내용미와 형식미가 잘 조화를 이룰 때 극대화가 되는데, 이 글은 효과적인 구성법으로 작가가 의도하는 주세를 잘 드러내고 있어 큰 감동을 준다.

안개

서일옥

초봄의 설레임 같은, 첫날밤 수줍음 같은
바람난 가시내의 질정 없는 몸부림 같은
초점을 맞추지 못한 망원렌즈 눈, 눈, 눈.

평설

　시조 창작을 할 때, 적절한 시어들의 선택에도 불구하고 하나의 시조가 작품으로서 성공하지 못하는 이유는 시어 배치의 부적절성 때문이다. 이 글은 혼미하고 복잡다단한 현실 세계를 '안개' 정국에 비유하고, 그것을 바로잡고자 하는 정의의 손길을 '초점을 맞추지 못한 망원렌즈'에 비유하여 단시조라는 압축적 틀 안에서 효과적으로 그 주제를 표현해 낸 글이다.

　'안개'에 함의된 작가 나름대로의 함축적 시상을, 적절한 시어를 선택하여 직유법으로 전개·나열하면서 의도된 구성에 의해 주제 의식을 잘 드러내고 있다. '같은'의 연속으로 인해 어색하지 않은 반복 기교와 종장의 '망원렌즈'와 '눈'의 적절한 띄우기 표현은 현대시조에서 시어의 적절한 배치가 주제 의식을 드러내는 데 얼마나 중요한가를 잘 보여주고 있다. 설레임일지 수줍음일지, 아니면 바람난 몸부림일지 모를 불확실성의 현실이 그 방향감각이나 초점을 잃고 방황하고 있어 안타까움을 더해 준다는, 의미 깊은 멋진 시조이다.

노년의 행복

송경태

손자놈 사진 한 컷 봄꽃 타고 날아오면
적적한 두 늙은이 이야기꽃 엮어서
이 한밤 꽃이불 위에 밤새껏 걸어 둘까.

평설

　이 시조는 험난한 인생길을 되돌아보고 거기서 느껴온 노부부의 소박한 삶의 자세와 상념을 압축적, 관조적으로 표현하여 짧지만, 깊이가 있고 신선하다. 이 글의 작가는 인생길의 어느 한 길섶에서 순간적으로 떠오른 시상을 한 편의 글로 형상화시키는데 순발력이 뛰어나다.

　이 글 속에서 화자는 손자를 그리워하면서 거기서 우러나온 노년 부부의 인간미 넘치는 사랑을 감동적으로 그려내고 있다. 사랑의 분신인 손자를 생각하며 사랑 추억을 엮어서 노부부의 꽃이불 위에 밤새껏 걸어 두고 싶다는 표현이 소박하고도 감칠맛이 난다. 표현 기법에 있어서는 상징과 비유가 뛰어나고 시상의 압축과 간결의 멋을 아주 잘 살려내고 있다. 특히 손자의 사진 한 컷을 봄소식으로 환치하여 소망을 형상화시키면서, 인간미 넘치는 시어의 선택과 함께 절묘한 시구의 조합으로 성공시켜 단시조의 맛과 멋의 향기를 짙게 풍겨 주고 있다.

강강수월래

송선영

돌아라 휘돌아라 메아리도 흥청댄다
옷고름 치맛자락 갑사甲紗댕기 흩날려라
한가위 강강수월래 서산西山 마루 달이 기우네.

평설

　하나의 완성된 시조에서 풍기는 '시조의 향기'는 어떤 시어를 선택해서 어떻게 묘리妙理있게 구성하느냐에 달려 있다. 즉 시조의 맛과 멋은 리듬감 있는 시어들의 선택 여부와 조화로운 배치 여부에서 판가름 난다. 이 글은 독자로 하여금 깊이 있는 사고를 요구하지도 않으면서 흥겨운 리듬감에 젖어 들게 한다. 작가는 향토적인 미적 소재와 그에 어울리는 평이한 시어들을 선택하여 적절히 배열해 놓음으로써 분위기의 유연성을 획득하고 독자들에게 안정감을 주고 있는 것이다.

　'강강수월래'는 추석날 밤이나 정월 대보름날 밤에 동그랗게 손잡고 돌면서 노래와 춤과 놀이를 하는 여자놀음이다. 이에 대하여는 '강하고 강한 오랑캐가 물 건너온다는 뜻'으로 왜적의 침입을 경계하도록 한 구호였다는 설도 있다. 이 시조를 읊조리면 그 흥겨운 리듬감에 절로 어깨가 들썩인다. 그것이 이 시조의 맛과 멋이다. 이렇듯 시조의 맛과 멋은 굳이 의미 깊은 난해한 시어나 구성보다는 흥겹고 리듬감 있는 평이한 시어의 적절한 배치가 큰 몫을 한다는 것을 모범적으로 잘 보여준 좋은 단시조이다.

섬진강 저녁놀

신길수

찢겨서 나부끼랴 바람 젖어 서러우랴
차라리 숨결인 것 강물에 널어두랴
시샘도 은무리져서 멈칫멈칫 흐느끼랴.

평설

  이글은 현대시조로서 '섬진강 저녁놀'의 황홀경에서 느끼는 감정을 서정적 자아의 감성적 인식의 세계에 비추어 현상학적現象學的 수법으로 표현한 글이다. 대상 앞에 머물고 있는 자아는 대상의 황홀경에 몰입되어 내면적 파고를 일으키면서 다양한 심리적 반응을 노래하고 있다.

  이러한 표현 기법은 현대적 감각의 '풍류風流'기법과도 관련이 있다고 본다. 독특하게 풍월하듯 "~랴"의 반복으로 인한 운율적 묘미를 드러내놓고, 객관적 상관물에 대한 인식의 폭을 넓혀둠으로써 독자로 하여금 감성적 판단을 끌어내도록 유도하고 있다. 반복적 각운의 기법과 물음의 종결기법으로 미묘한 시적 환경 체험의 경지를 제공해 주고 있는 멋지고 감칠맛 나는 좋은 시조이다.

어머니 가신 길

신혜담(신계전)

뜨락은 고요하고 하늘 땅 말이 없다
눈물로 뒤따르는 머나먼 꽃길에는
무너진 억장 한 다발 지천으로 피었다.

평설

　이 글은 어머니의 마지막 가시는 길의 적막감과 엄청난 큰 슬픔을 시조 3장의 압축적 기법으로, 고도의 비약적인 비유와 여운의 미학으로 표출해 낸 단시조다
　누구든지 어머니는 마음과 육신의 본향이다. 그러기에 어머니가 이 세상을 떠나신다고 함은 자신의 모체가 사라지는 것이기에, 하늘이 무너진 듯 엄청난 큰 슬픔 속에 자식의 억장도 함께 무너지는 것이다.
　마지막 떠나시는 날의 고요 적막한 큰 슬픔, 이 글 화자의 입장에서는 산천초목도 다 그 흐느낌을 목도하고 위로하듯 말없이 지켜만 보고 있을 터이니, "뜨락은 고요하고 하늘 땅 말이 없다"라고 하였다. 눈물로 뒤따르는 마지막 가시는 길, 그 길을 '눈물바다로 이어진 길'이라 하지 않고, 굳이 눈물을 감추고 애이불비哀而不悲의 감성으로 '머나먼 꽃길'이라며 축복의 길로 승화시켜 마음 다짐으로 자위하는 화자의 시심이 더 애처롭기만 하다. 만장 깃발 펄럭이는 눈물 어린 저승길엔 무너진 억장 한 다발 지천으로 피었는데, 그 꽃길을 즈려밟고 가시라는 화자의 통절한 애가哀歌가 귓전에 들려오는 듯하다. 이 글은 어머니 마지막 가시는 길의 분위기와 화자의 심정을 애이불비의 감성으로 압축적으로 표현하여, 여운의 미학을 잘 살려낸 수준 높은 단시조이다.

염소

심성보

흰 염소 검은 염소 모두 다 수염 났다
나이도 어린놈들 할배 폼 건방지다
행님아 다 깎아 버릴까 아니야 그게 상표야.

평설

    시조의 묘미는 압축적 간결미와 운율미이다. 이 글은 흰 염소와 검은 염소를 보고 그 객관적 사물의 존재가치를 잘 읊어낸 단시조다. 필자는 예전과 달리 길거리를 지나갈 때 지나가는 개미를 함부로 밟지 않고 피해 간다. 보잘 것 없는 미물에 불과하지만, 그들도 창조주께서 목적이 있어서 창조하신 피조물이 때문이다. 사람의 입이 얼굴의 위쪽에 있지 않고 맨 아래쪽에 있는 것은 뜨거운 국물을 먹을 때 턱 아래 절벽으로 떨어져도 괜찮다는 의미이며, 콧구멍이 아래로 뚫린 것은 빗물이 들어가면 안 된다는 창조주의 배려심에서 나온 것이니, 우리는 인체의 곳곳에서 창조의 신비감을 발견해 낼 수 있다. 그러니, 아무리 미물들이라 할지라도 생명의 소중함과 그 존재가치는 높이 존중되어야 한다.

    이 글에 나타난 검은 염소와 흰 염소는 수염이 나서 할배 폼을 지으니 참 건방지다. 그러나 돌이켜보면 그게 그들의 존재가치를 상징하는 상표라 하니, 말미의 의미 깊은 종장 처리가 참으로 절창이다. 누구든지 창조주께서 만드신 목적이 있는 것이며, 삶의 권리가 있는 것이기에 남의 생명을 함부로 앗아갈 수는 없다. 살아 있는 글에는 독자들에게 전달해 주는 메시지가 담겨 있는데, 구수한 사투리로 정감을 더해 주는 이 글은 생명의 소중함과 존재가치를 깨닫게 해 주는 멋지고 의미 깊은 단시조이다.

그리움

안영희

시장길 접어들면 우체통 하나 있지
괜스레 울먹이는 마음 하나 집어넣고
뒤돌아 뒤돌아서면 따라오는 그리움.

평설

　이 글에는 시장가는 길에 우체통을 지나치며 울컥하는 그리움을 부쳐본다는 서정적 자아의 애정 심리가 아주 잘 표현되어 있다.

　이러한 감성적 표현과 애절함의 바탕에는 그만큼 애틋하게 겪어낸 인생 체험이 깃들어 있다. 체험에서 우러나오지 않은 글은 억지로 꾸민 것이기에 진실성이 없고 무의미하며 생명력이 없다. 곡진한 인생 체험에서 우러나온 농축된 체험기야말로 진실성이 넘쳐흘러 독자들을 끌어당길 수 있는 것이다.

　연서戀書일지도 모르는 편지를 우체통에 집어넣고 돌아서는 여인의 심정, 사무친 그리움은 그녀의 발길을 붙잡고 잡아당겨 자꾸만 자꾸만 고개를 돌리게 하고 있다. 평범한 여인의 애틋한 연심이 독자들의 마음마저 끌어 잡아당기고 있어 큰 감동을 주는 좋은 시조이다.

그녀

원용우

물방울 튕기듯이 튕기는 꼴을 보면
웃음이 절로 난다 장미도 아닌 것이
가시는 돋쳐 가지고 톡톡 쏘는 벌침이다.

평설

　비유가 없는 시는 시가 아니다. 특정의 사람을 표현할 때는 직설적 방법보다는 돌려서 표현하는 것이 효과적이다. '휼간諫諫'이란 상관에게 직간하지 않고 비유로 아뢰거나 완곡하게 풍자해 간언한다는 뜻이다.
　이 글은 동등한 처지 또는 아랫사람을 대상으로 묘사했지만 은근한 비유적 표현으로 보면 휼간이요, 전달 효과로 보면 직간 같기도 하다. 윗글 속의 여성이, 누구든지 자기라고 생각한다면 아마도 얼굴이 붉어지고 가슴이 따끔따끔해질 것이다. 현대시조의 표현 특징은 비유와 형상화이다.
　이 글은 비록 시조 단수이지만, 시어의 선택이 적합하고, 대상에 대한 적절한 비유와 형상화가 뛰어나 독자들로 하여금 단시조의 묘미를 한껏 느끼게 한다. '장미처럼 예쁘지도 않은 것이, 가시는 돋쳐 가지고 톡톡 쏜다.' 하니, 그 벌침에 얼마나 시달렸으랴! 재미있고 실감 나는 멋진 시조다.

바위

유상용

내 안의 나끼리 세상 흐름 깨치다가
실금의 바위틈에 등을 미는 바람 본다
바위틈 흙 한 점 사이 스러지면 뭣이 되나.

평설

　이 작품은 오늘을 살아가는 독자들에게 던져 주는 영감이 깊고 오묘하다. 깨달음을 향한 스님의 "이 뭣꼬" 화두를 떠올리게 한다.
　초장의 '내 안의 나끼리 세상 흐름 깨치다가'는 인생을 살아가면서 세파에 부딪쳐 스스로 갈등을 겪어내면서 삶의 흐름을 깨쳐나가는 인생론적 의미를, 중장은 바위처럼 변함없는 초월적 대상 앞에 적응하고자 하나 힘에 부치는 미력한 자아의 실존적 현실을, 종장은 그러다가 바위틈 흙 한 점으로 스러져가는 자아의 생존적 가치를 의문의 형태로 되묻고 있다.
　이 화두에 대한 답은 예전 교과서에 실렸던 이양하 님의 「페이터의 산문」에서 제시하고 있다. '만상은 곧 진애요, 수액이요, 악취요, 골편, 너의 대리석은 흙의 정결, 너의 금은은 흙의 잔사에 지나지 못하고 -중략- 아! 이러한 물건에서 나와 다시 이러한 물건으로 돌아가는 네 생명의 호흡 또한 이와 다름이 없느니라.'
　인간은 대자연 앞에서 한낱 티끌에 불과하다. 짧은 생을 한탄할 필요도 없고 죽는 날짜에 대해 깊이 생각할 필요도 없다. 인간도 자연의 일부이니까 종말에 대해서는 두려움을 가질 필요도 없고 그저 자연에 순응하면서 오늘에 충실하면 되지 않을까.

죽음은

유성규

죽음은 환한 나라 진주알 같은 나라
이승의 앞과 뒤를 한 줄에 다 꿰어서
내 몸에 거는 날이다 훨훨 나는 날이다.

평설

    이 글의 화자는 죽음의 문제에 직면하여 그것을 깊이 사유하고 초극의 경지에 이르러 있다.
    누구든지 죽음 앞에 직면해 있으면 두렵고 심각하게 생각하거나, 사람에 따라서는 실의에 빠져 완전 포기 상태에 있을 수도 있다. 그러나 삶의 철학과 깨달음의 경지를 터득한 초인超人의 경우에는 두렵거나 실의에 빠지거나 하는 일과는 거리가 멀다. 죽음의 실체는 언제든지 바로 우리 곁에 있으며, 생과 사의 경계도 그 명멸의 구분이 얇아 서로 넘나들기도 한다. 불경에서 말하는 '색즉시공色卽是空 공즉시색空卽是色'이 바로 삶과 죽음의 경계선이 없음을 말해 준다.
    이 글에서 화자는 삶의 연장인 죽음의 표상을 줄로 연결된 진주알 목걸이로 구상화시켜 긍정적으로 그것을 수용해 내고 있다. 죽음의 날을 '내 목에 진주목걸이를 거는 날', '훨훨 나는 날'이라 표현하고 있으니, 생사의 경계를 넘어선 화자의 초극과 깨달음의 경지가 범상치 않아 큰 감동을 주고 있다.

금

이광녕

벽에 금이 가는 것은 바깥이 그리워서다
깨어진 항아리는 참자유를 얻었나니
너와 나 금이 간 것도 벽을 허문 몸짓인 걸.

평설

    금이 가는 것은 사람과 사람 사이가 벌어지거나 틀어지는 것을 말한다. 그것이 사랑이든 우정이든 신뢰든 사람 사이에 금이 가는 것은 참 속상한 일이다. 그런데 생각을 달리해 보면, 금이 갔다는 것은 바깥을 바라볼 수 있는 소통의 경지에 들어갔다는 것을 의미한다. 감옥에 갇혀 있는 죄수들의 경우 벽에 금이 가면 바깥을 내다볼 수 있고 신선한 공기마저 들이켤 수 있으니 이 얼마나 즐거운 일이겠는가? 사실 곰곰이 심미안적으로 생각해 보면, '금이 간 항아리'가 깨진 것도 비로소 해탈하여 '참 자유를 얻은 것'이다. '깨어진 항아리'는 누가 간섭도 안 하고 일정한 어느 장소에 갇혀 있지도 않는다. 그러니 '너와 나 금이 간 것도' 결국은 둘 사이를 가로막고 있는 벽을 허무는 일의 시작이니 '좋은 현상'이라고 본 것이다.

    이 글은 역설적 기법의 진실이 빛을 발하고 있다. 인정이 메마른 각박한 현대 사회에, 금이 간 너와 나의 관계를 긍정적 시각으로 인식하여 관계 회복의 길을 트여줌으로써, 신선한 문학적 향기가 사금파리처럼 반짝반짝 빛나고 있다.

단장을 버리나이다

이광수

내 이제 이 세상에 뵈올 님 없사오니
분인들 바르리까 향물인들 뿌리리까
단장을 버리나이다 누더기를 입나이다.

평설

　이 글의 작가는 춘원 이광수李光洙이다. 글에서 '님'의 실체는 일반적으로 연인이나 존경하는 대상을 가리키지만, 여기서는 '조국'이 '님'으로 비유되고 있다. '조국'이 '님'으로 대체되어 글 속에서 비유된 예들은 육당 최남선의 시조집 『백팔번뇌』에서, 거기에 실린 시조 「궁거워」, 「안겨서」, 「떠나서」, 「어쩔가」 등에서 많이 발견된다.
　이러한 '님'의 등장은 일제 치하라는 압제 상황 하에서의 '우회적 표현'이라는 점도 있겠으나, 「정과정鄭瓜亭」에서의 '내 님'과 같이, 고시가에서의 연군戀君 사상에서부터 비롯된 애국정신과도 일맥 상통한다.
　위의 글에서도 춘원은 내 '님', 즉 '조국'을 잃었으니 단장을 버리고 누더기를 입고 와신상담하겠다는 애타는 심정을 토로하고 있다. 한편, 만해 한용운의 '님의 침묵'도 비록 산문조이지만, 이러한 애국심을 우회적 기법으로 절절히 잘 드러낸 것이니, 이러한 시조들을 살펴봄으로써 우리보다 앞선 세대들의 우국충정심을 오늘에 되살려 볼 필요가 있다.

구십령 고갯길

이근구

낡은 몸 휘청거려 지팡이는 요양사
기억도 느슨해져 돌아서면 깜빡깜빡
겨운 몸 만나는 이들 은혜로운 연緣이다.

평설

　이 글에서 구십령의 '령'은 고개 령嶺과 나이 령齡의 뜻을 중의적으로 표현했으리라. 누구든지 나이 들면 쇠약한 몸이 휘청거려 지팡이에 의지하게 되고, 기억력도 희미해져 깜빡깜빡 잊어버릴 때가 많다. 인간의 수명을 두고 시성 두보杜甫는 예로부터 칠십을 넘기기 힘들다고 하여 '인생칠십고래희人生七十古來稀'라고 하였는데, 이 글의 화자는 칠팔십의 강을 건너 드디어 졸수卒壽 구십령에 들어섰으니, 그 고갯길 여정이 얼마나 힘겹고 파란만장했으랴! 그러기에 이 글의 화자는 고갯길에 올라와 망백望百을 바라보면서 더욱 만남의 의미를 소중히 인식하고, 주변에서 인연으로 만나는 이들도 새로운 눈빛으로 바라보고 있는 것이다.

　이 글에는 광활한 우주 공간 속에 하나의 미세한 점으로 존재해 있는 작가 자신에 대한 존재 의식과, 지난한 인생 고개를 넘어온 여정길에서 만났던 인연을 새롭게 인식하며 그것을 소중히 여기는 작가의 깨달음의 미학이 단시조라는 압축적 그릇 속에 아주 잘 응축되어 있다. 간결미와 함축미, 그리고 인연의 소중함을 일깨워주는 인상 깊은 단시조이다.

족자를 들추다가

이상범

공든 도배 해 바뀌니 어느덧 퇴색하다
족자를 들춘 자리 문득 파란 고 빛깔!
어쩌면 접어둔 마음 나와 나의 해후여.

평설

　이 글은 단시조이며, 초·중·종 3장만으로 주제 의식을 충분히 드러내었다. 세속적인 자아가 우연히 족자를 들추다가 때 묻지 않은 자아 본연의 내면 실체를 발견하고 겉사람과 속사람의 거리감을 인식하며 놀라고 있다.
　이 시조는 순수한 자아의 모습을 동경하며 그에 회귀하고자 하는 서정적 심리를 우회적 수법으로 잘 나타내었다. 전제로 내세운 초장은 기起, 발견의 기쁨을 담아낸 중장은 서敍, 표층적 자아와 내면적 자아와의 해후의 감격을 나타낸 종장은 결結, 이렇게 간명하게 축조된 3단 구성이다. 이 글은 본래적 자아 발견의 기쁨을 3장 단수로 압축하여 시상을 잘 나타낸 경우로서, 균제미와 절제미라는 시조 문학의 독특한 미적 감각이 잘 드러나 있는 멋진 시조이다.

팽이

이우걸

쳐라, 가혹한 매여 무지개가 보일 때까지
꼿꼿이 서서 너를 증언 하리라
무수한 고통을 건너 피어나는 접시꽃 하나.

평설

　이 글은 그 표현에 있어 수사 기교가 돋보이는 글이다. 명령법, 도치법과 아울러 객관적 상관물에 대한 적합한 비유적 표현으로, 팽이의 속성에 관한 미적 감각을 극대화시켰다. 때릴수록 꼿꼿해지는 팽이의 생명력, 그것은 한층 승화되어 접시꽃으로 형상화되어 이 글의 완결미를 이끌어 내고 있다.

　어릴 적 동심에 젖어 팽이를 쳐본 이들은 이 글의 미적 표현에 매우 공감이 갈 것이다. 이 글에서 '가혹한 매'는 돌려치는 팽이채, 그리고 '접시꽃'은 돌아가면서 형성되는 팽이 상단의 접시 모양의 꽃무늬를 형상화 시켰는데, 여기서 '무지개'와 '접시꽃'은 가혹한 고난의 세월을 거쳐 최후에 환희의 극치로 탄생되는 이상 세계를 상징하리라. '매를 맞고 큰다'라는 말이 있듯이, 이 시조는 이러한 고진감래의 상징성이 아주 잘 나타난 매력 있는 글이다.

공부

이일희

목판에 대못 칠 땐 망치로 뚝딱뚝딱
강한 철은 드르륵 전류 통해 쉽게 뚫네
천지간 도리 뚫을 땐 조용히 정진하리.

평설

 이 글은 평범한 일상 속에서 깨달아 얻은 삶의 철학을 함축적으로 아주 잘 표현해 낸 단시조이다. 시조의 묘미는 간결성과 함축성 그리고 운율의 미인데, 이 글은 이러한 조건들을 다 갖추고 있다.

 목판이나 벽에 대못을 칠 땐 망치로 뚝딱뚝딱 때린다. 그리고 강한 철은 전기 송곳으로 쉽게 뚫을 수가 있다. 하지만, 사람이 도리道理의 벽을 깨고 들어가려 할 땐 물리적으로 해결할 수가 없으니 참으로 힘겹고 답답한 노릇이다. 이 글을 읽으면 선종의 불교 수행법으로 알려진 '돈오점수頓悟漸修'란 말이 떠오른다. 문득 깨달음에 이르는 경지에 이르기까지에는 갑자기 깨닫는 것이 아니라 반드시 점진적 수행의 단계가 필요하다는 말인데, 이 글의 종장에서 이러한 진정한 노력과 내면 수양의 도道를 제시해 주고 있다.

 글은 단순한 묘사나 설명적 나열만으로 끝나서는 그 생명력이 없다. 독자들에게 던져 주는 깨달음의 감동이나 아포리즘이 내재되어 있을 때 그 생명력이 살아나 작품으로서의 가치가 형성되는 것이다. 이 글은 평범한 일상에서 발견한 깨달음의 철학이 반짝반짝 빛나는 생명력 있는 시조이다.

매듭 풀기

이효봉

슬픔의 멍울 펴서 햇살 한 줌 이겨 넣고
미운털 쏙쏙 뽑아 몸 낮춰 으깨 보니
엉겅퀴 우거진 골에 웃음꽃도 피더라.

평설

　'매듭 풀기'는 너와 나의 응어리 풀기이다. 살다 보면 얽히고설킨 복잡한 너와 나의 관계들이 우리네 인생을 괴롭히고 어둡게 한다. '일체유심조一切唯心造'라 했으니, 이럴 때 소망의 밝은 마음을 지니고 나를 낮추고 으깨서 상대방을 포용하며 예쁜 낯으로 응대해 주면, 아무리 험악한 사이일지라도 화평의 꽃이 피어날 수 있으리라. 이렇게 하는 것이 화이부동和而不同이며 복락원復樂園의 길이다.

　대인관계에 있어서 겸양과 감사와 친절의 마음으로 상대방을 대하고 처지를 이해해 주는 긍정적 태도는 주변을 밝게 이끌어주며 어두웠던 너와 나의 관계도 신비롭게 변화시켜 준다. 이 글의 작가는 '매듭 풀기'라는 제재를 선택하여 단수 시조로 너와 나의 골 깊은 엉킴에 그 해법을 제시하고 있다.

　가는 말이 고와야 오는 말도 곱다. 내가 먼저 스스로 미운털을 쏙쏙 뽑아내고 나를 깨뜨려 몸을 낮추면서 미소를 지어 보내면, 엉겅퀴 우거진 어둠 골에도 웃음꽃이 활짝 피리라.

꽃샘추위에도 봄은 웃는다

이흥우

푹 삭힌 홍어 맛에 콧등이 쏴 하듯이
추위 속 가지마다 봄비에 눈물 맺혀
꽃망울 곤지 찍고서 필 듯 말 듯 웃었다.

평설

　이 단시조는 꽃샘추위 속에 움트는 봄의 모습을 앙증스럽고 재미있게 묘사해 내었다. 평범한 소재를 직유와 의인법을 사용하여 흥미롭게 전개시켜 나간 솜씨가 눈길을 끈다.
　현대시조에서 지나친 관념주의와 고정관념의 시상 전개는 자칫 독자로 하여금 식상하게 하여 외면을 당할 수가 있는데, 이 글은 그런 면에서 탈피하여 현대시조의 맛과 단시조의 멋을 유감없이 보여주고 있다. '푹 삭힌 홍어 맛에 콧등이 쏴 하듯이'와 같은 감각적 표현이나 봉긋하게 피어오르는 꽃망울의 자태를 '곤지' 찍는 것에 비유한 것 등은 상당히 참신한 표현이 아닐 수 없다. 과감한 시어의 차용과 적절한 비유로 독자들에게 참신성과 재미성을 제공해 주는 매우 인상적인 좋은 작품이다.

벽공 碧空

이희승

손톱으로 툭 튀기면 쨍 하고 금이 갈 듯
새파랗게 고인 물이 만지면 출렁일 듯
저렇게 청정무구를 드리우고 있건만.

평설

 초·중·종 3장을 6행으로 배열한 이 시조는 티 없이 맑고 깨끗한 가을 하늘을 예찬하였다. 마치 한 폭의 수채화를 보는 듯, 시각 · 청각 · 촉각 등의 감각적 기법이 탁월하여 눈길을 끈다. 자연을 대하는 작가의 정서는 청순한 비유를 통해 명경지수明鏡止水의 경지에 이르고 있다. 가을 하늘이 너무나 맑고 청정하여 손톱으로 가볍게 튕겨도 "쨍" 소리를 내며 금이 갈 것만 같단다.

 그런데 이 글에서 작가의 주제의식을 꿰뚫어 볼 수 있는 감상의 포인트는 과연 어디일까? 필자는 바로 종장 말미의 '드리우고 있건만'이란 말에 남긴 여운에 있다고 본다. '드리우고 있건만'은 미완의 시구이지만 의문의 여지를 남긴 여운의 기법이다. '하늘은 저렇게 청정무구를 드리우고 있건만 왜 우리 사회는 이리도 혼탁하기만 할까?'라는 말로, 우리 사회의 현실을 무언으로 탄식하고 있어 작가의 목소리가 들리는 듯하다.

 누구든지, 오늘 하루만은 귀를 막고, 티 없이 맑고 고운 가을 창공에 더럽혀진 몸과 마음을 청정하게 씻어봤으면 좋겠다.

벌레 두 마리

전원범

잘 익은 복숭아 속에 벌레가 두 마리
아내여 우리 둘은 복숭아 속 벌레다
속 깊은 내원內園에 갇혀 오도 가도 못하는.

평설

   복숭아의 꽃말은 '사랑의 노예'라고 한다. 복숭아는 물이 많고 달아서 성적 유혹의 상징물로 불리기도 하나, 잡귀를 물리치고 마음속의 이상향을 동경하는 무릉도원武陵桃源의 의미가 내포되어 있어 상당히 신비성을 지닌 과일이다.
   이 단시조는 추상적 관념인 '부부애'를 '복숭아 속 벌레'로 비유하여 구상화시켰는데, 남녀 간의 사랑 즉 '하트'라는 상징적 기호 이미지를 지니고 있는 복숭아를 소재로 하여 부부애를 그려낸 솜씨가 범상치 않다.
   인간은 사랑을 파먹고 사는 복숭아 속 벌레다. 부부는 '가정'이라는 오도 가도 못하는 내원에 갇혀 그 사랑을 파먹고 사는 존재이다. 이러한 점을 잘 응용한 이 시조는 '적절한 비유와 도치'라는 수사적 기교에 의해 추상적 개념을 구상적 이미지로 전환시킴으로써, 신선감 있게 현실적 부부애를 잘 그려낸 인상 깊은 작품이다.

고향은 없고

정완영

고향에 내려가니 고향은 거기 없고
고향에서 돌아오니 고향은 거기 있고.
흑염소 울음소리만 내가 몰고 왔네요.

평설

　'향수鄕愁'란 사람들에겐 늘 아름다운 이름이다. 타관살이에 심신은 지쳐 있어도 불현듯 그리워 되돌아가고 싶은 곳, 그곳은 늘 마음속에 머물고 있는 정든 고향이다. 수구초심首丘初心이라 삶의 마지막 순간에도 마음은 저절로 고향 쪽으로 향한다.

　십 년이면 강산도 변한다더니 고향에 내려가 보니 상전벽해桑田碧海가 되어버린 상태이기에 예전의 그 고향 모습은 찾아볼 수가 없다. 그러나 고향을 떠나 다시 타관 땅에 들어와 살게 되면 또다시 그리워지는 게 그 고향이다. 초·중장에서 '고향'의 반복적 기법 장치를 통하여 향수에 대해 절절함을 나타내고, 종장에서는 '흑염소의 울음소리'를 품고 고향 상실감을 달래보려는 작가의 서정성이 잘 드러나 있다.

　반복, 대구와 대조, 대유법의 표현 기교가 쉬운 시어들과 어울려 멋진 시감을 불러일으키는 좋은 시조이다.

꿀단지

정유지

무심코 열어 놓은 꿀단지 그 속으로
날파리 한 마리가 날아와 먹습니다
자꾸만 꿀이 묻어서 몸이 굳어 갑니다.

평설

　단시조의 묘미는 함축과 압축이다. 좋은 시조 짓기는 오지의 작은 그릇에 가장 큰 의미를 넣는 작업이다. 이 글은 이러한 시조만의 특성을 아주 잘 나타낸 단시조이다.
　노자의 도덕경에 '지족불욕 지지불태知足不辱 知止不殆'라고 하였는데, 우리네 인간은 주어진 여건에 만족할 줄도 모르고 욕심이 끝이 없어 종국에는 세상 치욕과 파탄을 맞이하고 말게 되니 매우 어리석다. 그러니, 나중에 가서 땅을 치고 후회해 본들 무슨 소용 있으랴!
　이 글은 끊임없이 손 내미는 세상 유혹과 그 유혹에 미혹되어 눈이 먼 인간의 모습을 '날파리'에 비유하면서 우회적 기법으로 간결하게 잘 그려내고 있다. 세상은 달콤한 꿀단지로 위장된 마법의 굴레, 거기는 연약한 인간의 굶주린 영혼을 끌어당겨서 단물을 빨게 하고 종국에는 파경으로 몰고 가 그를 집어삼킨다.
　단순하지만, 짧은 시상 속에 아주 길고도 현실적인 인간의 삶의 모습이 담겨져 있다. 단시조에서 강조되고 있는 아포리즘(Aphorism)의 미학이 반짝반짝 빛나는 멋지고 의미 깊은 글이다.

찻잔을 씻다가

정표년

차 한 잔 얻기 위해 헹구고 또 헹굽니다
잡다한 소문들과 때 묻은 소리까지
비워야 채워지기에 비우고 또 비웁니다.

평설

'비움'과 '채움'은 상보관계다. 결국은 비우기 위해 채우는 것이고, 채우기 위해 비우는 것이다. 인간도 마음을 비우면 더욱 인격적으로 성장하고 품격이 채워진다.

이 시조는 생활 주변의 평이한 일상에서 소재를 택하여 진실성을 규명해 내고자 하는 작가의 주제 의식이 뚜렷하다. 잡음 많고 오염된 인간 삶의 현장에서 세상 오욕을 말끔히 씻어내면서 마음을 비워 승리하고자 하는 심정을, 찻잔을 씻어내는 행위에 비유하여 상징적으로 표현하고 있어서 독자들에게 잔잔한 감동을 제공해 준다.

글의 내용으로 보아 이 글의 작가는 진정 소박하고 겸허한 인간미가 흘러넘치는 인물이다. 거동하고 있는 행위의 최종 목표가 겨우 '차 한 잔 얻기 위해'라니. 큰 욕심을 부리지 않고 찻잔을 씻어내면서 마음을 씻고 비워내는 연습을 하는 시심이 아름답기 그지없다. 세상 오욕에 물들고 병들어 있는 현대인들이 설거지하면서 잠시 읊조리며 본받아야 할 좋은 글이 아닌가!

석류石榴

조 운

투박한 나의 얼굴 두툼한 나의 입술
알알이 붉은 뜻을 내가 어이 이르리까
보소라 임아 보소라 빠개 젖힌 이 가슴.

평설

  작가 조운曺雲(1900년~?)은 전남 영광 출신으로 1920년대 중반 가람 이병기 등과 함께 시조부흥운동에 참여했던 시조 시인이다. 이 시조는 석류의 모습을 서정적 자아의 현실적 심경과 연계시켜 적절한 비유를 통해 묘사함으로써 문학성이 뛰어난 작품이다.
  이 작품은 전통 시조의 일반적 전개 방식인 선경후정先景後情의 형식적 배치 원리에 따라 묘사와 설명이 잘 조화를 이루고 있다. 초장에서 의인화 기법에 따른 석류의 실감 나는 묘사도 예사롭지가 않거니와, 중장 이후에는 설의, 명령, 도치 기법에 따른 시적 전개로 화자가 자신의 실체를 곡진하게 투사하여 시조 작품의 진수를 보여주고 있다. 특히 종장의 '빠개 젖힌 이 가슴'은 빨갛게 벌어진 석류의 모습을 자아의 터질 듯한 가슴과 연계시켜 강렬한 감각적 표현을 함으로써 아주 진한 인상을 남겨주고 있다.

복수초

조흥원

몰랐다 내 몰랐다 나로 인해 새운 밤을
눈 속에 묻혀서도 꽃을 피운 간절함을
긴긴날 기도가 쌓여 이 하루가 따스함을.

평설

　이 단시조는 '복수초福壽草'의 꽃말과 관련이 있다.
　'복수초'는 긴긴 겨울 동안 매서운 추위를 견뎌내고 초연히 눈 속에 피어나는 황금빛 꽃이다. 복福과 장수長壽를 가져다준다고 하며 그것의 꽃말은 '영원한 행복幸福'이다.
　이 글의 서정적 자아는 복수초와 같이 오랫동안 인고忍苦의 세월을 견뎌내고 기도를 해 준 대상을 복수초에 비유하고, 그 따뜻한 사랑과 은혜에 감동하고 있다. 전체적으로 초장 서두의 서술어 '몰랐다'로 귀결되는 도치 기법을 사용함으로써, 자아의 무정했던 지난 세월을 통회하면서 대상과의 영원한 사랑을 기원하고 있다. 고난의 세월을 참고 견디어 내면서 지극정성으로 아껴주고 기도해 준, 임에 대한 고마운 사랑 감성이 짧은 형식인 단시조에 함축적으로 드러나 있는 참 좋은 시조이다.

울 엄마

채현병

생전에 울 엄마는 갯골의 유채화다
메마른 살림살이 손아귀에 감아쥐고
빠드득 빠드득빠드득 기름 짜듯 하셨다.

평설

　어머니는 평생 마음속의 본향에 자리 잡고 있다. 누구든지 어머니에 대한 그리움은 모태적 본향의 그리움이 절로 솟아 나와 눈물겹도록 감성을 자극하여 움직인다. 참혹한 전쟁을 겪고 난 뒤의 어려운 시절, 폐허 속에서 초근목피草根木皮로 겨우 목숨을 부지해야 했던 우리네 가족들에겐 어머니의 생활 지혜와 절약이야말로 난국을 이겨내는 큰 힘이 되었었다. 가족의 호구지책糊口之策은 어머니의 손끝에서 묻어나고 가족은 그것을 따름으로써 겨우 연명하여 나아갔다.

　이 시조는 이러한 어머니의 모습을 함축적으로 간결하게 잘 묘사해 내었다. 생전의 어머니를 '갯골의 유채화'라 표현했는데, 이 글은 들락날락하는 갯골 즉 짠물 닮은 성정으로 남은 재물이나 양식을 기름 짜내듯 빠드득빠드득 지독히 아껴 쓰는 절약형의 어머니를 비유한 것이다. 자식의 처지에서야 어릴 때 그토록 지독하게 인색한 어머니의 절약이 얼마나 원망스러웠으랴! 속담에 지독한 절약을 "허리띠를 졸라맨다"라고 했는데, 이 글의 화자도 어머니의 영향을 받아 어릴 때부터 검소 절약이 몸에 배었으리라 짐작된다. 의태어를 동원한 비유로 어머니의 근검절약하는 모습을 아주 인상 깊게 잘 묘사해 낸 감명 깊은 단시조이다.

혼자 앉아서

최남선

가만히 오는 비가 낙수 져서 소리 하니
오마지 않는 이가 일도 없이 기다려져
열릴 듯 닫힌 문으로 눈이 자주 가더라.

평설

　육당六堂 최남선崔南善(1890~1957)은 어두운 시대에 무지몽매한 민중을 계도하면서 개화 문명의 빛을 따라 사회를 이끌어간 문화 선구자로서 문학, 역사, 출판 등 다방면에 걸쳐서 그 족적이 두드러진 인물이다.
　그는 1908년 우리나라 출판사의 시발점이라고도 볼 수 있는 '신문관新文館'을 설립하여 우리나라 초창기 교양 잡지 『소년少年』지를 발간하였고, 소년들을 개화·계몽할 목적으로 신체시 「해海에서 소년少年에게」를 발표하면서 어두운 민족사의 새 국면을 타개하려고 시도하였고, 창가, 신체시, 시조 등 새로운 형태의 시가들을 발표하여 한국 근대문학의 기틀을 다져나간 인물이다.
　최초의 개인 시조집 『백팔번뇌』에 실려 있는 이 작품은 육당 작품 가운데 대표작으로 손꼽을 만하다. 정좌 상태에서 임을 기다리고 그리워하며 시선이 문 쪽으로 쏠리는 서정적 자아의 본모습을 잘 그려내었다. 기다리던 임이 살며시 걸어오는 듯 가만히 오는 비는 노크하듯 낙수 져서 자아 성찰의 고요를 깰 뿐이다. 이글의 절창은 종장으로서 그리움의 표출심리가 닫힌 문으로 눈이 자주 가는 행위로 절묘하게 묘사되고 있다.

갈대여

최숙영

흔들려야 하느니라 한 말씀만 하셨으면
그 모진 바람 앞에 꼿꼿하지 않았을 걸
꺾이면 다 잃는 줄 알고 몸부림친 긴 세월.

평설

  이 글은 인간의 연약한 마음에서 우러나오는 '흔들림의 미학'이 반짝반짝 빛나는 좋은 시조이다. 흔들린다고 다 나쁜 것은 아니다. 나무는 비바람에 흔들려야 뿌리에서 수분을 더 잘 빨아올리고, 사람도 흔들려야 그 아픈 만큼 더 성숙이 빠른 법이다. 아주 높은 빌딩도 흔들려야 쓰러지지 않는다고 하니, 흔들린다고 하는 것은 온전한 삶을 위한 하나의 몸부림이기도 한 것이다.

  이 글에서 화자는 자신의 모습을 '갈대'에다 비유하여 몸부림쳐온 긴 세월의 회한을 적절히 잘 표현하였다. 모진 세월의 한파 앞에 꼿꼿하게만 지켜왔던 지난날 자신의 삶의 모습이 어쩌면 '흔들림의 철학'을 모르고 지내왔던 세월이었으리라.

  갈대는 흔들리나 그 뿌리는 땅속 깊이 견고하게 뿌리박고 있으니, 지조가 굳고 아무리 흔들린들 꺾어지지는 않는다. 흔들림이 없으면 정서의 샘도 마르고 꼿꼿하기만 하여 결국은 부러지게 된다. 이 글은 자신의 모습을 갈대에 비유하여 흔들림의 미학적 의미를 잘 부각한, 깨달음의 철학이 빛나는 멋진 시조이다.

옷이 자랐다

최순향

구순의 오라버니 옷이 자꾸 자랐다
기장도 길어지고 품도 점점 헐렁하고
마침내 옷 속에 숨으셨다 살구꽃이 곱던 날에.

평설

이 시조를 대하는 이들은 먼저 낯선 제목의 이채로움에 의아해할 것이다. '옷이 자랐다'니 어찌 옷이 자란단 말인가? 이러한 표현은 하나의 아이러니다. 옷이 자란 게 아니고 그 옷을 입고 있는 오라버니가 작아져 간다는 의미의 반어적反語的 표현이다. 옷 속에서 점점 수척하여 사그라져가는 오라버니를 보고 안타까워 이러한 시조를 읊조렸으리라. 작가는 살구꽃 피던 날에 곱게 가신 오라버니의 모습을 차마 말로 표현하기 어려워 '옷 속에 숨으셨다'라고 하였다.

사람이 산다는 것은 죽음을 향해 걸어가고 있는 행위이다. 누구는 빨리 가고 누구는 더디게 간다. 그 속도가 다르고 종착 거리가 다르지만 한 번씩은 다 간다. 단지 죽음을 인식하는 사고의 차이는 인생에 있어 행·불행의 차이를 불러온다. 밝은 안경을 낀 사람은 밝은 인생길을 가게 되고, 어두운 안경을 낀 사람은 어둠의 인생길을 가게 된다.

문학은 슬픔도 미화하여 아름다운 비장미를 꽃피워낸다. 이 글의 작가는 안타까운 죽음의 순간을 '마침내 옷 속에 숨으셨다'라고 돌려 표현하여 마치 혈육의 입장인 양, 읽는 이의 눈시울을 뜨겁게 한다.

수목장

최찬영

지난날 추억 속을 새삼 가만 열어보니
육 형제 함께 놀다 형님 먼저 떠나셨네
나무여, 그 무궁 속에 형님 얼굴 꽃피어라.

평설

이 글을 읽으면 형제간의 우애와 혈족의 따뜻한 사랑 감성을 깊이 느낄 수 있다.
고고지성을 지르며 새로이 탄생하는 이보다는 떠나는 사람이 더 많은 안타까운 세월, 우리는 속절없이 가버리는 무정한 세월 속에 하나둘 정든 사람을 저세상으로 보내면서 인생의 무상감을 실감하곤 한다.

이 글은 육 형제가 함께 희로애락을 같이 하며 성장하면서 갖가지 추억을 쌓아 왔는데, 형님을 먼저 떠나보내게 된 안타까움을 아우의 심정에서 절절히 그려낸 낸 단시조다. 함께 놀던 어린 시절, 추억을 떠올리니 형님의 모습이 생생히 떠올라 보고 싶은 그리움에 눈물이 앞을 가린다. 그래서 화자는 수목장을 지내면서 '나무여, 그 무궁 속에 형님 얼굴 영원히 꽃피어라.'라고 울먹이며, 나무꽃의 모습으로 다시 환생하기를 기원하고 있다. 수목장은 분골을 특정 수목의 뿌리에 묻어 그 나무와 함께 상생한다는 자연 회귀 섭리에 근거한 장묘 방법으로서, 자연 친화적 부활의 의미를 담고 있다.

이 글은 형님을 생각하는 아우의 혈육 간 우애와 정성이 영생 부활의 의미까지 확대되어 크게 감동을 주는 좋은 단시조다.

그리움

하순희

책갈피를 넘기다가 대금산조를 듣다가
손끝이 애절절한 먼 그대 긴한 안부
떨치어 버릴 수 없는 내 마음의 긴 여백.

평설

애정 표현에 있어 고시조에서는 주로 '임'이라는 상향적 연모의 정을 많이 읊은 편이었으나, 현대에 들어와서는 주로 '그대', '자기'와 같은 수평적 연모의 의식구조로부터 우러나오는 경향이 많다. 이러한 성향은 애정 표현에 대한 심미안의 관점이 시대에 따라 변화를 가져오고 있다는 증거이다.

이 시조는 그리움의 대상이 누구인지는 확실히 나타나 있지 않으나, 그리운 이에 대한 복받치는 연심이 종장에 실감 나게 드러나 있다. 이 시조의 특징은 종장의 말미 처리가 '여백'이라는 명사로 끝나 끈적끈적한 그리움의 여운이 영속성을 지니고 있다는 점이다. 멀리 떨어져 있는 그대를 그리워하며 안부를 학수고대하면서 허전함을 감추지 못하는 연심이 마음속에 그리움의 동양화를 그려내듯 나풀거리고 있는 좋은 시조다.

입춘立春

황의수

구만리 내린 햇살 유리창 밀고 드니
마음도 활짝 열려 도홧빛 얼굴 피네
일어나 붓을 들어라 입춘대길立春大吉 봄 마중.

평설

'봄맞이'는 언제 들어도 신명 나는 따뜻한 소리다. 봄 햇살이 창문을 두드리면 엉덩이가 들썩하며 밖으로 나가 잠시 봄처녀와 산책이라도 해보고 싶은 마음이 일어난다. 우리의 옛 조상들은 입춘이 되면 으레 '입춘대길立春大吉', '건양다경建陽多慶'을 대문에 써 붙여놓고 한 해의 길상과 경복을 기원하였다. '뜻이 있는 곳에 길이 있다' 하였고, '말이 씨가 된다' 하였으니, 긍정적으로 써 붙여놓고 그리 말하고 그리 생각하면 인생의 복락은 마음먹은 대로 풀리게 되어 있다.

봄빛과 젊음, 그리고 신비경을 상징하는 꽃은 '도화桃花'이다. 입춘을 맞아 마음이 춘심春心이니 얼굴도 도홧빛이다. 이 글에서 '붓을 들어라.'라는 표현은 문인의 측면에서 보면 '기지개를 켜고 마음껏 포부를 펼쳐 보이라'라는 뜻을 비유하고 있다.

이 단시조를 읊조리면, 낙목한천落木寒天 긴긴 동면의 터널을 지나 새로운 소망과 축복의 밝은 미래가 펼쳐질 것 같은 예감에 빠져드니, 가히 시절가조의 으뜸이라 할 수 있다.

명품시조 200선 · 연시조

효자손

강기재

홀아비 아버님과 벗이 되어 함께 자며
등 너머 메마른 밭 시원하게 갈아주니
이 자식 대신하는 손 네가 바로 효자다.

밤이면 외로움에 가려움도 더 심한데
등허리 긁는 소리 샘물처럼 시원하니
열 자식 다 필요 없다 네가 바로 효자다.

평설

　이 글은 평범 속에 진실이 발견되는 교훈성이 짙은 시조이다. 이 글을 읽으면 옛 선비들이 읊어낸 오륜가五倫歌가 떠오른다. 특히 오륜 중 효도孝道와 관련된 '부자유친父子有親'의 덕목과 딱 들어맞는다.
　옛 속담에 '열 손가락 깨물어 안 아픈 손가락 없다'라고 하며 내리사랑의 곡진함을 칭송했는데, 어느 때부터인가, '긴 병에 효자 없다'. '무자식이 상팔자'라는 속담이 공감대를 차지하고 있으니 안타깝기 그지없다. 열 자식이 있어도 서로가 모시기를 꺼리며 부모를 이리저리 박대한다면 그 부모의 속이 새카맣게 타들어 갈 터이니 차라리 없는 것만 못 할 것이다. 그러니 이 글에서처럼 자식보다는 효자손이 메마른 가슴 시원하게 해 주고, 가려운 곳 긁어주고, 외로움 달래주는 벗이 되니, 오직 '효자손' 그것이 진실한 효자가 아니겠는가?
　문학의 목적이 한낱 작가의 정서만을 표방해 내기보다는 더 나은 인생, 더 나은 이상 세계를 추구한다는 미래지향적 가치에 비중을 둔다면, 이 글은 효자 없는 삭막한 현실을 되돌아보게 하고, 성찰의 기회를 제공해 주는 효용론적 가치가 뚜렷한 교훈적인 좋은 시조이다.

길

강현덕

길이 새로 나면서 옛집도 길이 되었다
햇살 잘 들던 내방으로 버스가 지나가고
채송화 붙어 피던 담 신호등이 기대 서 있다.

옛집에 살던 나도 덩달아 길이 되었다
내 위로 아이들이 자전거를 끌며 가고
시간도 그 뒤를 따라 힘찬 페달 돌린다.

평설

다니는 길은 본래 평주이었으나 사람의 편의를 위해 선線이 되었다. 선은 질서를 따라가는 길이요 방향이요 미래이다. 오랜만에 고향에 가보니, 살던 집은 헐리고 낯선 가로등과 질주하는 자동차 굉음소리에 옛 향수를 빼앗겨 큰 아쉬움에 세월을 한탄하기도 한다. '길'이라는 단어는 대단히 상징성이 강하다. '다니는 길' 이외에도 수단이나 방법, 나아갈 방향을 제시하는 다의적 용어이기 때문이다. 자식의 처지에서 보면 가정에서 아버지와 어머니의 처신은 하나의 길이 된다. 그 길을 따라 자녀는 성장하고 자립하며 미래의 길을 찾아간다. 이 글에서도 작가를 디딤돌로 하여 아이들이 자전거를 끌며 인생길을 가고 있다고 우회적으로 표현하고 있다.

인생은 어떤 길을 가느냐가 중요하다. 그 길을 따라 자녀도 따라오고 미래도 따라오기 때문이다. 힘겹고 험난한 인생길, 자전거 페달을 밟을 때처럼, 힘차게 성실하게 밀고 나아가야 희망찬 미래를 만날 수 있으리라.

발바닥의 꽃향기

구본일

사람이 걸으니까 아름다운 꽃을 본다
봄 벚꽃 여름 연꽃 가을 국화 겨울 눈꽃
사철을 꽃구경하니 발품 팔아 행복이다.

동장군 횡포 속에 모진 풍파 몰아쳐도
앞으로 나아가는 뼈마디의 아픔 호소
칼바람 휘돌렸어도 누비었네 온 천하를.

미안해 버팀목아 내 생명의 두 발이여
내 인생 너와 함께 여기까지 동행하니
등 굽혀 입맞춤하네 발바닥이 꽃향기다.

평설

    은유와 상징 등 비유는 시의 생명이다. 이 글은 인체의 가장 아래쪽 음습한 곳에 자리 잡은 발바닥의 존재를 멋진 비유로 새롭게 조명하여 큰 감동을 준다. 온갖 무거운 것을 참고 견뎌내며 늘 발품 파는 노고, 그리고 천하를 누빌 수 있도록 자신을 희생해 준 발바닥에 입맞춤하여 "꽃향기"라고 찬미하는 시인의 마음이 참으로 아름답고 신선하다. 사시사철 아름다운 꽃구경을 발품 팔아 다하니 큰 행복이고, 아무리 동장군의 칼바람 횡포가 심해도 온 천하를 누비게 해 주니, 발바닥이야말로 인생을 인생답게 해주는 고마운 존재이다.

    사실 손이야 늘 귀염받고 햇빛을 받으며 양지에서의 활동도 자유스럽지만, 발바닥은 늘 음습한 곳에 짓눌려 무거운 짐만 떠받치고 사니, 이 얼마나 힘겨운 일상인가? '손뼉 친다'라는 말은 있어도 '발뼉 친다'라는 말은 없지 않은가? 그래서 이 글의 서정적 자아는 '미안해 버팀목아' 하면서 등 굽혀 발바닥에 입맞춤하고, 그 냄새를 '꽃향기'라 일컫고 있다. 소외된 곳을 조명하는 작가의 깊은 사유와 비유적 표현이 반짝반짝 빛나는, 공감대가 크고도 멋진 향기 나는 시조이다.

은하수 햅별 밥상

권갑하

흉년의 꽃밭서덜 서러움도 다 헹군 듯
울컥 눈물을 삼켜 허기 넘던 굽이굽이
천수답 한평생에도 달빛 신명 넘쳤었지.

'農'은 뭇별[辰]들의 장엄한 향연[曲]임을
바람에 이는 시름 목이 메는 추임새로
한 됫박 허연 쌀뜨물 은하수로 펼쳤으니.

듣는가 어디쯤 가슴 치는 뜨거운 선율
앞앞이 어둠이래도 옹기종기 나누던 정
꿈꾸듯 그리 살았제, 간절한 눈망울들.

평설

　이 글은 읽을수록 감칠맛 나는 명품이다. 흉년 시기 농심의 세계를 토속적 색감으로 정감 있게 처리하여 시적 감성을 표출해 낸 솜씨가 돋보이는 작품이다. '農'자를 별과 장엄한 향연의 조합으로 풀이하면서, 어려운 시절, 한 됫박 '허연 쌀뜨물'의 추억을 은하수에 비유하였고, 그러한 환경 속에서도 옹기종기 모여 정을 나누던 옛 추억을 반추하며 그리워하고 있어 잔잔한 감동을 불러일으킨다.

　이 글 작가의 고향은 '문경聞慶'인데, 과거시험 보러 한양으로 가던 선비들이 급제의 경사스러운 소식을 듣게 된다는 지명 유래가 있다. 본문에 등장하는 '꽃밭서덜'도 지방색 짙은 언어로 장원급제를 빌었던 '책바위'와 함께, '야생화가 피어 있는 돌무더기 산비탈'을 뜻하는 사투리어다. 이 글은 제목인 '은하수 햅별 밥상'이 잘 보여주듯이, 농적農的 가치를 선명히 재생시켜 전통 가치를 소중히 여기는 향토색 짙은 시편들로 이루어져 있다. 시상의 흐름이 밝고 긍정적이며, 전통 정신을 사랑하는 시인의 원숙한 시조 미학을 접하게 되는 수준 높은 연시조이다.

희수 喜壽

권오운

소백산 밑 촌뜨기가 배움 찾아 서울 와서
공직의 이곳저곳 굵은 힘줄 보낸 세월
둥지는 틀었지마는 밥 한 그릇 수저뿐.

인생길 백세 시대 희수에 걸터앉아
높은 산 오솔길은 안개로 흐릿하다
나이테 제값 하려나 손 내미는 고목화다.

삶의 전쟁 파인 주름 훈장이 여기저기
자식 꽃 열매 익는 가을 하늘 작은 별들
감사는 사랑을 싣고 기쁜 노래 울린다.

평설

희수喜壽는 77세를 가리키는 말이다. 일찍이 당나라 시성인 두보杜甫는 그의 시에서 '인생칠십고래희人生七十古來稀'라 하며 사람은 수명 70세를 넘기기가 매우 힘들다고 하였다. 그러나 이 글의 화자는 77세를 누렸으니, 아무리 백세 시대라 하여도 옛날을 생각하면 희수를 맞이한 것도 큰 기쁨 중의 하나라며, 스스로 고목화古木花에다 비유하고 있다.

소백산 촌뜨기가 서울 와서 공부하고 입신양명하여 공직생활로 뼈가 굵어 둥지는 틀었지만, 넘기 힘든 희수를 맞이하여 지난 족적을 돌이켜보면서 나잇값 하려니 손 내미는 고목화에 불과하단다. 그래도 힘겨운 생존경쟁의 주름살 훈장에다 자식들 열매가 반짝거리니 그저 감사할 뿐이고 희수를 맞아 기쁨의 노래가 절로 인단다.

인생은 고해라지만, 고난과 역경으로 점철된 시간의 벽을 뚫고 나오면 해맑은 하늘이 방긋 웃어주곤 한다. 이 글은 이러한 인생의 족적과 회한의 정을 '희수'라는 시기에 맞춰 효과적으로 표현한 감명 깊은 연시조다.

만파식적萬波息笛

권천학

저 멀리 들려오는 한 자락 피리 소리
온 바다 잠재우고 온 세상 잠 깨운다
불어라 피 끓는 그 숨결로 새로운 길 내어라.

밀려와 들이치는 그 바람 새순 돋고
뜬 마음 갈앉히고 뜬 세상 가닥 잡아
열어라 뜨거운 바람으로 새 세상 문 열어라.

잘못 든 길을 틀어 되돌아 나올 적에
발바닥 부르트고 혓바닥 갈라져도
보아라 하늘에 뜬 무지개 그 빛으로 환하다.

평설

    이 글은 형식과 내용에서 아주 색다른 인상을 주는 연시조다. 우선 시조의 형식 면에서 3수가 전부 초장과 중장은 3.4.3.4의 율격이고, 종장은 3,7,4.3의 율격을 유지하면서 전체적으로 1수에 45자를 정확히 맞추고 있다는 점이다. 주제와 율격에 알맞은 시어를 선택하려면 상당히 고심해야 할 터인데, 어찌 이리도 일률적으로 그 율격을 짜 맞출 수가 있단 말인가! 이는 틀림없이 뿌리 문학의 전통미와 소절 간 홀수와 짝수 음양의 조화와 종장 초구의 전환적 의미를 더욱 강조하고자 하는 작가의 창작 의도가 반영되었기 때문이라고 판단된다.

    또 내용 면에서 '만파식적'을 중심 소재로 삼았는데, 이는 혼란스러운 나라의 평온함을 애타게 기원하는 작가의 애국 충정에서 나온 소망 때문이리라. 주지하는 바와 같이 만파식적은 신라 때 온갖 파란[萬波]을 없애고 나라를 평안케[息] 한다는 신비한 피리[笛]를 말한다. 얼마나 나라의 평안을 염원했으면 만파식적의 출현을 고대하고 있을까! 그 숨결로 새로운 길을 내고, 새 세상 문을 열고, 그 빛으로 하늘의 무지갯빛 소망을 맞이하고자 하는 간절한 염원이 반짝반짝 빛나고 있어, 색다른 인상을 풍겨 주고 있는 감명 깊은 시조다.

농부의 노래

금동춘

잔기침 콜록이며 겨울밤 옹종이다
땅 밑 조급증이 잔설을 망울 트면
춘풍을 쟁기 걸어서 농부는 밭을 가네.

백두에 불꽃 튀는 백팔번뇌 쟁기 소리
해탈 심 깨우치려 고해를 버석 이며
종소리 뎅경 뎅그렁 파종하는 저 농부.

뇌성의 빈 그릇에 땀방울 쓸어 담아
열대야 더운 밤에 보듬어 틔운 씨앗
만추에 굽은 잔등 펴 농자 대풍 이루네.

평설

　이 시조에는 세상 무욕의 경지에서 해탈하며 쟁기질하는 농부의 질박한 삶의 모습이 잘 드러나 있는데, 이러한 글은 농촌 체험에서 우러나온 시상이다. 농사를 안 지어 본 사람이 어찌 이런 시상으로 작품을 창작해 낼 수 있단 말인가?
　한때, 농사꾼이었던 작가, 이 글에서 땀 흘려 밭을 갈고 씨 뿌리는 행위는 시인이 공을 들여 시를 쓰고, 그 작품 가치의 성과를 기대하는 것과 일맥상통하리라. 그러기에 일제강점기 시대의 작가 심훈(1901~1936)은 그의 집필 활동하는 사저를 '필경사筆耕舍'라고 하지 않았던가? 예로부터 이러한 귀농과 작품 활동에 대한 생각은 전원에 낙향한 선비의 안중에서 수없이 넘나들었다. 군자의 향기가 풍겨 나오는 농암聾巖 이현보(1467~1555)나 상촌象村 신흠(1566~1628)이 그 대표적인 예이다.
　이 시조에서 '보듬어 틔운 씨앗'은 창작행위를 통하여 갓 태어난 시 작품일 터이다. 그리고 '농자대풍'은 심혈을 기울여 창작해낸 풍성한 수작秀作들을 비유할 터이니, 그 수확의 기쁨이 이 시조에 생명력을 더해 주고 있어 더욱 큰 감동을 준다.

천사표 내 여동생

김광식

일곱 살 어린 시절 어미 잃은 슬픈 날개
가혹한 핍박 설움 눈칫밥 먹고 자란
인생사 지난 세월이 눈물 젖은 굴곡이네.

엎친 데 덮친 설움 남편 복도 땅을 치니
자식 복도 날아가고 조카들만 다 떠안아
오로지 지극정성으로 다 키워서 짝 지웠네.

한 많은 여자 일생 야속타 모진 세월
운명을 받아 안고 하늘 믿고 살아가니
여리고 착한 심사라, 천사표라 눈물겹네.

> 평설

　인간의 축복 가운데 가장 큰 축복은 '만남의 축복'이다. 누구를 만나느냐에 따라서 운명이 완전히 달라지기 때문이다. 이 글에 등장하는 화자의 여동생은 만남의 축복이 매우 박복한 여인이다.

　전통 사상에 따르면, 예로부터 여자의 일생은 '삼종지도三從之道'의 도리를 지키는 데 있었다. 시집가기 전에는 아버지를, 시집가서는 남편을, 남편이 죽으면 아들을 따라가야 한다는 것이다. 그러나 이 글에 등장하는 여동생은 부모 복, 남편 복은 물론, 자식 복조차도 따질 수 없는 '천애 고아'와 같은 여인이다. 어려서는 어머니를 잃고 새 식구에게 눈칫밥 먹으며 핍박을 당하고, 젊은 시기엔 자식 없이 일찍 남편을 잃고, 만년에는 자식 대신 조카들만 키우다 인생을 다 허비한 기구한 운명의 주인공이다. 그렇지만, 그녀는 상처받은 인생을 신앙생활로 극복하면서 불평 없이 운명을 받아들이며 내내 밝은 얼굴로 살아가고 있다. 화자는 이런 여동생의 기구한 일생을 매우 마음 아프게 생각하며, 그 여리고 착한 심성을 높이 들어 '천사표'라 비유하며 눈물짓고 있다. 이러한 사연이 담긴 이 시조는 읽는 이의 마음에도, 연민의 정과 오누이의 따뜻한 애정이 저절로 뭉클 일어나는 감동 넘치는 좋은 글이다.

해송海松

김귀례

바람이 후려쳐서 차라리 살맛 나는
한 그루 소나무가 바다 곁에 섰습니다
몸통이 돌아가도록 성난 파도 즐깁니다.

절벽에 뿌리박고 갈라지는 물보라를
득음得音으로 챙기려는 대불大佛 같은 큰 헤아림
있고도 없어야 하는 큰 이치를 봅니다.

평설

해송은 풍랑 거센 바닷가에 뿌리를 내리고 살아가는 생명력 강한 소나무이다. 모질고 힘겨운 인생살이, 힘겨운 이들은 꿋꿋하게 버티고 살아가는 바닷가 해송의 모습을 보고 큰 용기를 얻으리라. 이 글은 모진 풍파를 이겨내고 끈질기게 살아가고 있는 해송의 생태를 보고 삶의 교훈을 제시해 주고 있으며, 그 깨달음의 철학을 잘 그려낸 멋진 시조이다.

인생은 고난의 연속이고 인간은 크고 작은 시련에 퍽 나약한 존재이다. 그 나약함을, 그 상처받음을 이겨내는 결기를 바닷가에서 버티고 견뎌내는 해송에서 배워야 한다. 그래서 화자는 이 글에서 '득음'과 '대불', '색즉시공色卽是空'이라는 불교적 진리의 화두까지 꺼내며 시상을 확대하고 있다. '득음得音'이란 사물의 이치를 깨달았다는 소리이다. '대불'은 득음을 챙기고 온갖 고행을 다 초월한 절대적 존재이다. 화자는 흔들거리는 들풀과 같이 연약한 뭇 인간의 심성에서 해송과 같은 대불의 경지에 이르고 보면, '있고도 없어야 하는 큰 이치', 즉 '색즉시공色卽是空'의 초월 경지에도 들게 된다고 읊조리고 있다.

이 글은 'ㅂ니다'라는 경어체로 반복적 각운이 적절하게 펼쳐져 운율미를 더해 주고 있으며, 전체적으로 문장 구사력도 자연스럽고 교시적敎示的 의미까지 제시되어 있어 깨달음의 미학이 반짝반짝 빛나는 좋은 시조이다.

토함산의 낮달

김남환

사미沙彌가 되어지이다 보살 되어 지이다
뭇 밤을 간음하고 마목이 된 몸뚱어리
하얗게 삭발한 결단 석고대죄 하느니.

삼천 폭 스란치마에 불러들인 매운 서리
서서히 함몰하는 일그러진 응보여
불국사 쇠북을 안고 목놓아 울어지이다.

평설

현대시조에서는 산수 기행이나 풍물 기행을 통한 인상 깊은 견문을 일반적인 보고 형식의 글에서 벗어나, 적합한 표현 기법을 동원하여 얼마든지 미학적 가치가 고양된 작품으로 창작해 낼 수가 있다. 이때 제일 먼저 필요한 일은 관찰 현장에서 인상 깊었던 상황을 메모해 두는 일이다.

이 글에서는 돈오점수頓悟漸修하는 수행자의 모습을 엿볼 수 있다. 토함산을 기행하고 거기서 본 낮달의 모습을, 서정적 자아의 실체가 투영된 불자의 모습으로 감정이입 수법에 따라 인상 깊게 표현하였다. 마목이 된 몸뚱어리로 석고대죄하며, 서서히 함몰해가면서 불국사 쇠북을 안고 목 놓아 우는 수행자의 모습에서 불자로서의 심미안을 발견해 낼 수가 있으며, 또한 객관적 상관물에 투영된 심도 높은 표현 기교와 시조 미학의 묘미도 맛볼 수 있다.

양재천 사계

김달호

봄볕에 돋아나는 새싹들 숨소리가
봄비에 속삭이는 옹알이로 들려오면
봄바람 설레는 향기 양재천을 채운다.

잉어 떼 춤사위에 개구리는 밤을 새고
얼굴 붉힌 진달래가 개나리 품에 들면
화동들 줄지어 선다 둑길 따라 꽃을 들고.

청계산 깊은 골에 태어난 생명의 물
양재천 맑은 물에 낙엽을 품에 안고
보름달 하늘에 걸어 뱃놀이를 즐긴다.

유유한 양재천이 탄천을 끌어안고
서해 구경 가자면서 한강으로 들어설 때
강둑에 모인 사람들 손 흔들며 배웅하네.

평설

　이 글은 생활 주변에서 접해 본 자연환경을 작가의 독특한 안목으로 생명력을 불어넣으면서 실감 있게 표현해 낸 시조이다. 시어의 차용이나 시상 전개가 자연스럽고 신선하며 서민적 삶의 바탕 위에서 감성의 시상 융합이 조화로워 인간미가 흐르고 사뭇 정적인 분위기이다. 양재천은 우리 생활 주변에 있는 젖줄이요 휴식 공간이기도 하다. 그러기에 인간과 자연은 상생과 호혜를 주고받으며 공생한다. 양재천-청계산-한강으로 이어지는 생명의 흐름은 이 시조의 물줄기인데, 이 글은 살아 숨 쉬는 양재천의 사계를 바탕으로 인간과 하늘과 바다까지 시상의 영역을 확장함으로써 그 생명력의 근원을 부각시켰고, 은연중에 생태시의 면모도 갖추고 있다.
　작가는 글에 쓰인 제재의 특성을 미리 알고 현상의 세계에 몰입되지 않으면 넓고 깊은 서정의 세계에 접근할 수 없다. 이 글의 작가는 생활 주변의 평범한 체험 속에서 우러나오는 시적 정서를 자신만의 순수한 눈으로 시맥을 이어나가는 솜씨가 탁월하여 눈길을 끄는 좋은 시조다.

영동선에 잠들다

김민정

긴 겨울 물소리가 깨어나고 있을 무렵
아버진 가랑가랑 삶을 앓아 누우시며
고단한 삶의 종착역 다가가고 있었다.

봄날도 한창이던 사월도 중순 무렵
간이역 불빛 같던 희미한 한 생애가
영동선 긴 철로 위에 기적汽笛으로 누우셨다.

평설

　인생길을 비유할 때 번뇌煩惱를 강조하면 '고해苦海'라 하고, 과정을 중시하면 '여정旅程'이라고 한다. 기차 여행길에 나선 나그네는 늘 간이역과 종착역을 만나게 되는데, 이는 인생길에 겪게 되는 삶의 중간 과정과 죽음의 마지막 순간을 비유한 것이다. 삶의 여정에 있어 가장 큰 축복은 만남의 축복인데, 이는 '인연因緣'이라는 고리와 직결되어 있다. 누구든지 인생길엔 운명적 만남인 친부모가 있는데, 이는 생명을 물려받은 동행자로서의 절대적인 존재이다. 그러므로 부모를 잃은 효성 지극한 자식의 마음은 하늘이 무너지는 엄청난 슬픔을 체험하게 된다.
　이 작품은 진달래가 붉게 물든 4월 중순 무렵, 50대에 세상을 떠나신 아버지에 대한 슬픔을 노래한 사부곡思父曲이다. 시인의 부친께서는 퇴직 전까지 기찻길을 막고 터주던 철도 건널목지기였다고 한다. 그런데 그 아버지가 정작 자신의 운명 노선은 그리 길게 터놓지 못하고 일찍 가셨으니 영동선 기찻길을 지날 때마다 피붙이로서 딸의 심정이 얼마나 슬펐을까 짐작이 간다. 이 글은 아버지를 그리워하는 애절한 딸의 효심이 따뜻한 인간미로 다가와 눈시울이 뜨거워지는, 감동적인 좋은 시조이다.

두향제杜香祭를 위하여

김병렬

애긋게 지새우는 강선대 뒷산에는
피맺힌 한이 서린 사랑의 뒷모습을
소쩍새 산을 허물어 무덤 하나 지었네.

달빛이 쏟아지는 남한강 기슭에는
나룻배 저 혼자서 가슴을 설레이며
두향杜香의 헝클어진 연緣 풀지 못해 우누나.

평설

이 글은 퇴계 이황李滉과 관기 두향杜香과의 아름다운 인연 이야기와 관계있다. 퇴계 이황이 48세 되던 해에 단양군수로 부임하였는데, 거기서 가야금과 시서詩書에 능하고 유난히 매화梅花를 사랑한 18세의 꽃다운 두향을 만나 인연을 맺었다. 그러나 두 사람의 꿈같이 아름다운 사랑은 겨우 9개월 만에 퇴계 이황의 풍기군수 발령으로 끝이 났는데, 이것이 안타깝게도 '짧은 만남 긴 이별'로 이어지게 되었다. 퇴계가 70세 되던 해에 안동安東에서 세상을 하직하자, 그 소식을 들은 일편단심 두향은 안동까지 걸어가서 퇴계의 영전에 잔을 올린 후, 다시 단양으로 돌아와 남한강가 강선대에서 강물에 투신하여 퇴계의 뒤를 따랐다는 슬픈 이야기다.

이 글은 이러한 두향의 꽃넋을 시조로써 추모하고 있다. 피맺힌 사랑의 한을 머금고 강가 양지바른 곳에 묻혀있는 그녀의 무덤을 보고, 한 맺힌 객관적 상관물, 즉 '소쩍새'를 인용하여 '소쩍새가 산을 허물어 무덤 하나 지었네'라고 노래했으며, 또한 남한강의 무상한 나룻배도 '두향의 헝클어진 연을 풀지 못해 울고 있다'라고 읊조리고 있어, 읽는 이로 하여금 가슴 저린 애련의 감동을 불러일으키고 있다.

세월의 꽃

김부배

휘돌아 굴러간다 계절을 앞세우고
멈추지 못한 건지 날마다 찾아와서
주름살 그려놓고는 훈장이라 우긴다.

봄꽃보다 아름답다 은발의 머리카락
지금은 유월 향기 장밋빛 넘실대니
유난히 맑은 하늘에 마음꽃을 수놓네.

평설

세월은 잡으려 애를 써도 잡히지 않는 요물이다. 앞에서 누가 끌지도 않고 뒤에서 밀지도 않지만, 하염없이 무정하게 흘러가면서 어느새 우리네 인생을 노을빛으로 물들게 한다. 어느 날 갑자기 주름살 인생 계급장에 백두옹이 되어버린 자신의 몰골을 보고 속절없이 흘러가는 세월을 안타깝게 여긴다.

김시습金時習이 5세 때 신동으로 소문이 나자, 이를 귀히 여긴 세종이 허조許稠라는 늙은 재상으로 하여금 글재주를 시험하였는데, 김시습은 백발 날리는 재상을 보고, 즉석에서 "늙은 나무에 꽃이 피었으니, 마음은 늙지 않았구려老木開花心不老"라고 답하여 주변을 놀라게 하였다. 위의 글에서도 화자는 세월의 주름살을 '훈장'에다 비유하고, 노구의 모습을 '봄꽃보다 아름답다'라고 하면서 긍정적 안목으로 시상을 전개하여 산뜻한 인상을 풍겨주고 있다. 특히, 장밋빛 넘실대니, '유난히 맑은 하늘에 마음꽃을 수놓는다'라고 하였으니, 육신은 늙어가도 마음만은 젊고 아름다움을 유지하고 있는 청심이 반짝반짝 빛나는 멋진 시조이다.

회복기의 노래

김성덕

내 작은 그루터기 허망한 빈 터 위에
잃어버린 소망 몇 점 눈물로 불 지피면
더디게 타올라 가며 부활하는 불꽃들.

아리게 다가오는 시련의 파도 넘어
쌓여진 어두움 별빛으로 밝혀가면
혈관은 생기가 돌아 몸을 푸는 이 아침.

생채기 껴안으면 새살인 듯 살아나서
떠났던 둥지에도 새들 돌아오는 길
바람의 무등을 타고 마중 가는 햇살아.

평설

 이 글에서 시인은 소망, 부활, 혈관의 생기, 햇살 등의 시어를 차용하여 시상을 전개하면서 맑고 밝은 미래를 희구하는 긍정적 의지를 드러내고 있다. 첫째 수에서 시인은 허망한 빈터 위에 잃어버린 소망을 눈물로 지펴서 '부활의 불꽃'을 피워 올린다 했으며, 둘째 수에서는 '시련의 파도'를 넘어 별빛으로 밝혀 새 아침을 맞는다고 하였고, 셋째 수에서는 '생채기'를 껴안고 새 살인 듯 살아난다고 하였다. 이러한 시상의 전개를 통하여 어려움을 극복하고 광명의 세계로 나아가려는 시인의 영성 회복 의지를 확연히 살펴볼 수가 있다.
 이 글의 작가는 '하늘 보기'를 좋아하는 시인인 듯하다. 일월日月과 같은 성자들의 위대함 앞에서 고개를 숙이며, 미래비전을 갖고 스스로를 다스려 나가는 시인이리라. 그러기에 이글의 제목은 '회복기의 노래'이며. 생채기 껴안으면 새살인 듯 살아나서 떠났던 둥지에도 새들이 돌아오고, 바람의 무등을 타고 햇살도 마중 간단다.
 창작 시에 요구되는 시의 생명력이나 긍정 철학이 번득이는 참 좋은 시조이다.

낚시론
- 나의 창작 노트

김성수

푸르게 출렁이는 언어의 강물 속에
월척의 시조 한 편 낚아보기 위하여
얼마나 많은 시간을 가슴 졸여 왔던가.

하루해 다 지도록 기다려도 보았고
하룻밤을 지새우며 지켜도 보았지만
낚시에 걸리는 것은 언제나 잔챙이뿐.

백사장에 누우면 핏줄에도 강이 흘러
수백 번 일어서서 다시 던진 낚싯줄
짜르르 월척越尺의 손맛 그날은 언제일까.

(낚시론 1~3수)

> 평설

　이 글을 읽으면 대동강 부벽루에 올라 글을 짓다가 완성을 하지 못하여 안타까운 마음에 통곡하며 내려왔다는 고려 문신 김황원金黃元(1045~1117)이 떠오른다.
　이 글에서 낚시하는 행위는 좋은 글을 낚아채 올리는 작시의 과정을 비유한 것이다. 시를 쓰는 일은 쓰기에 알맞은 글감을 보고, 그 느낌을 적합한 시어로 묘리 있게 구성하는 능력이다. 이러한 과정은 작가의 감성과 필력에 의해 그 성공 여부가 좌우되는데, 명품으로 완성하기까지의 고뇌와 장고의 고통은 체험해 보지 않은 사람은 잘 모른다.
　월척의 시조를 한 편 낚아보기 위해 언어의 강물 속에 낚싯줄을 드리우고 있지만, 어찌 그리 쉽사리 월척이 걸려 올라올 수 있단 말인가. 하룻밤 하루해를 기다려도 낚시에 걸리는 것은 언제나 잔챙이 작품뿐이라 하니, 화자로서는 참으로 답답한 노릇이다. '포시법捕詩法'이란 시골 초동이 풀잎에 앉은 잠자리를 잡을 때, 일발필중의 솜씨로 낚아채야 한다는 포획법인데, 작시법에서도 이러한 심정으로 월척을 낚아 올리려고 하는 화자의 고통과 창작 심정이 아주 잘 드러나 있다. 작가로서의 창작 열정이 적합한 비유를 통해 선명히 드러난 좋은 시조이다.

순례하는 달팽이

김성숙

적막을 등에 지고 어깨 처져 가는 길
재 넘은 슬픔쯤은 삭히고 걷는다면
경로를 이탈한 지점 비도 잠깐 쉬어가리.

눈도 귀도 닫혀 있는 먹먹한 가슴 안고
순례하다 지친 천형 흔적 없는 길을 내어
간절한 묵언의 기도 또 하루를 끌고 간다.

평설

이 글의 화자는 원죄를 의식한 인간 실존 의식의 틀 속에서 자신의 위치를 확인하며 삶의 궤적을 되돌아보고 있다. 좋은 글이란 주제에 알맞은 시어를 선택하고 적합한 비유의 기법으로 시상에 알맞게 조합하는 능력이 있어야 한다. 이 글에서 "순례하는 달팽이"는 작가 자신의 자화상이기도 할 것이다. 달팽이가 힘겹게 슬렁슬렁 옮겨 가는 모습은 아마도 천형, 즉 원죄를 짊어지고 힘겹게 살아가는 작가 자신의 모습이리라.

비유의 기법에 적용되는 양상으로 '동화同化'와 '투사投射' 기법이 있는데, 이 글에서 작가는 신앙인으로서의 자신의 모습을 달팽이의 모습에 투사하여 멋지게 묘사해 내고 있다. 달팽이처럼 먹먹한 가슴으로 세상 물정도 모른 채 오직 어설픈 모습으로 순례하다 지쳐가는 영혼, 천형을 안고 굼뜬 모습으로 흔적 없는 궤적을 그려내며 힘겹게 살아가는 화자의 일상에 힘이 되는 것은 오직 기력을 되찾아 주는 날마다의 '기도'뿐일 게다. 이 글은 기독교적인 수행과 인생관이 잘 드러난 글로서, 내밀한 정신 세계를 적절한 비유 기법으로 멋지게 전개시켜 나간 솜씨가 돋보이는 좋은 글이다.

그의 농원

김순란

하늘문 활짝 여니 민들레가 방긋 웃고
꽃밭의 잔칫상은 복사꽃이 준비했네
벚꽃은 꽃비 흩뿌려 봄날 축제 무드 잡고.

십여 년 심고 가꿔 일궈놓은 에덴동산
햇살의 은총 받아 꽃 무도회 한창이니
꽃향에 취해 웃다가 나비 되어 날았다.

평설

　이 글의 작가는 힘겨운 인생 역경을 굳은 의지로 이겨낸 인간 승리자이다. 모진 세파와 싸우며 먹구름 속에 거닐더라도 하늘 위에는 찬란한 태양이 비치고 있다는 사실을 염두에 두고 질경이처럼 구절초처럼, 기어이 이겨내며 살아온 의지의 여류 문인이다. 그래서 그런지, 이 작가의 글은 생활 체험에서 우러나온 생명력 넘치는 감성이 도드라지는 경향이 짙다.
　이 글은 '그의 농원'을 방문하고 거기서 느낀 농장의 아름다운 광경을 잘 묘사해 낸 시조다. 십여 년 공들여 가꾼 농장의 아름다운 광경을 '에덴동산'으로, 만화방창한 꽃밭의 화려한 정경을 '무도회장'으로 비유하고, 화자도 그 '꽃 향에 취해 웃다가 나비되어 날았다' 하니, 그 물아일체의 서정적 상상력과 감성 표현이 공감을 일으켜 큰 감동을 준다. 하나의 글이 단순히 현장의 묘사로만 끝난다면, 독자의 깊은 큰 공감을 사기에는 힘들다, 그러나, 이 글은 현장 묘사와 더불어 서정적 자아의 물아일체된 자아의 모습을 환상적으로 그려내어 실감 실정의 큰 감동을 주었으니, 뛰어난 필력이 돋보이는 좋은 작품이다.

애고나 끌끌

김신아

한 놈이 아프다며 며칠째 끙끙대고
또 한 놈은 대책 없이 이리저리 펄떡펄떡
겨우 둘 자식 데리고 밤새 뜬 눈 속앓이.

없는 살림 일구시며 다섯 자식 키워내신
애면글면 우리 엄마 그 속은 어땠을까
첫새벽 푸른 창가에 아려오는 명치 끝.

평설

　이 글은 우선 제목이 특이하여 독자들의 눈길을 끈다. 안타깝고 힘에 부치어 탄식하는 "애고나"라는 감탄사에, "끌끌"이라고 못마땅해 혀를 차는 의성어까지 더 붙어 있으니 말이다.
　옛 속담에 "열 손가락 깨물어 안 아픈 손가락 없다"라고 하였는데, 자식을 키우는 부모의 마음이야 큰놈 작은놈 할 것 없이 다 소중한 피붙이이니 어찌 내리사랑에 차별이 있을쏘냐. 그런데 현재의 젊은 세대들은 열 자식은커녕 한두 아이를 키우면서도 힘에 부쳐 투정이고 매양 속앓이가 심하다. 그분만 아니라 많은 젊은이들은 경제적인 이유를 들어 자녀 출산하기를 꺼리고 있으니, 앞으로 닥쳐올 인구절벽 시대가 큰 걱정이다.
　이 글에서는 화자가 두 자식을 키우면서 당하는 병치레와 속 썩임 등 당면한 현실의 어려움을 토로하면서, 다섯 자녀나 키우면서도 불평 없이 갖은 고난의 세월을 견디어 내신 어머님의 인고 정신을 생각하며 뼈저리게 자아를 성찰해보는 딸의 마음이 잘 나타나 있다. 이런 마음을 가진 딸이라야 진정한 효녀가 아니겠는가?
　실감실정을 느낄 수 있는 적합한 시어의 차용과 부모님을 생각하는 효심이 잔잔한 감동을 주는, 평범 속에 진실이 발견되는 좋은 작품이다.

어쩔 수 없네

김연송

똑똑 스타카토로 고드름은 녹는데
사위 적막한 밤 다시 도진 불면증
그리움 눈물 고랑에 음각된 채 덧나네.

매서운 겨울바람 무던히 견뎌 내고
스스로 서두르며 발정 난 봄꽃들은
넋두리 풀어 놓듯이 앞다투어 벙그네.

가녀린 풀 여위듯 기다림에 지친 나날
무너지는 가슴 한쪽 달래며 추슬러도
내 정녕 어찌할거나 봇물 터진 설움을.

평설

　시인은 추억과 그리움을 먹고 산다. 그리움은 겉으로 보기엔 낭만적이고 달콤한 위안일 수도 있지만, 때론 기다림에 지쳐 가슴이 무너지기도 하니, 간절한 이에게는 눈물의 샘터가 되기도 한다.
　이 시조에는 이러한 여인의 그리움의 정서가 매우 잘 드러나 있다. '애이불비哀而不悲'의 정서가 전통적 한국 여인의 정한情恨이라고 하지만, 이 글에서는 내심을 감추지 못하고 봇물 터지듯 터져 나오는 그리움의 정서가 주체 못 할 서러움으로 승화되어 큰 감동을 불러일으키고 있다. 그리움은 기다림이라는 끈으로 이어져 있다. 기다림에 지친 여인의 시심은 화창한 봄날이 와도 가슴 속엔 꽃이 피지 않는다. 그래서 새봄을 맞이해서 발정 난 봄꽃들이 앞다투어 벙글어도 간절한 화자의 가슴은 더욱 서럽기만 한 것이다. 신선한 시어의 선택과 비유, 그리고 도치 기교에 의한 감성적 마무리로 여인의 시심을 진솔하게 표현해낸 솜씨가 눈길을 끄는 좋은 작품이다.

거울

김영애

할 말을 다 하면서 사는 게 아니라며
물처럼 억새처럼 묵묵히 걸으라고
스물 적 내 가슴에다 말씀 심은 어머니.

그 말씀 곱씹으며 강물처럼 살아오다
어린 딸 가슴으로 가르침 옮겨 놓고
내게서 어머니 보듯 딸을 통해 나를 본다.

평설

  이 글은 어머니의 훌륭한 유훈을 물려받은 화자의 심성이 딸에게로 이어져서 올곧은 삶을 살아가고자 하는 신념과 순명적 인생관이 잘 나타난 시조이다.
  흔히들 부모를 꼭 빼닮은 자녀를 두고 '국화빵' 찍어낸 것에 비유하기도 한다. 이 글에서는 3대로 이어지며 어머니를 닮아가는 모습은 '거울'이라는 매개체로 비유되어 있으며, '내게서 어머니 보듯 딸을 통해 나를 본다.'에 실존자로서의 작가적 위치와 자아 성찰적인 생활 태도를 엿볼 수가 있다.
  이 글은 생활 주변에서 누구나 느낄 수 있는 평범한 사실을 적합한 시어의 선택과 적절한 시행의 배열을 통하여 시상을 효과적으로 표현하여 작품성을 높이고 있다.
  이 글의 주제가 비록 어느 여성이든 가져볼 수 있는 '올곧은 어머니 표상의 추구'라는 보편성에 바탕을 두고 있지만, 문학적으로 절묘한 기교나 특별한 장치를 동원하지도 않고도, 평이성에서 벗어나 잔잔한 감동을 불러일으키고 있다는 점은 이 글이 지닌 큰 매력이자 특징이다. 어머니를 그리면서 딸을 쳐다보고 자신의 위치를 점검해 보는 자애로운 아낙의 모습이 심금을 울린다.

불멸의 운곡 정신

김영우

산천은 말 없으나 역사는 말을 한다
태종도 발길 돌린 변암弁岩 은둔 고려 충신
노구소老嫗沼 슬픈 사연이 운곡 정신 말해준다.

충신은 불사이군不事二君 한 길로 뻗었으니
대의 따른 지조 절개 원주에 뿌리내려
드높은 운곡耘谷의 충절忠節 길이길이 빛나리.

평설

운곡耘谷은 고려말 원천석元天錫(1330년~?) 선생의 아호이다. 그는 고려말 충신으로서 조선조 태종 이방원의 스승이었으며, 두문동杜門洞 72현의 한 사람으로서 높은 지조와 절개를 보인 역사적 인물이다. 조선조에서는 선생에게 벼슬을 내리고 도와 줄 것을 요청했으나, 끝까지 지조를 지켜 거절하고 원주 치악산에 들어가 은둔하였다. 운곡선생은 역성혁명의 주도자였던 태종 이방원을 피해 치악산 변암弁岩에 은둔해 지냈는데, 운곡의 부탁으로, 스승을 찾아온 태종을 거짓으로 따돌렸다가 후에 임금을 속인 자책감으로 연못에 빠져 죽은 노파의 슬픈 사연이 노구소老嫗沼에 서려 있다.

운곡은 "흥망이 유수하니, 만월대도 추초로다. 오백 년 왕업이 목적에 부쳤으니, 석양에 지나는 객客이 눈물겨워 하노라."라는 고려 회고시조 1수를 남기기도 하였다.

이 글은 이러한 운곡 선생의 충신불사이군忠臣不事二君 지조 정신과 은둔에 관련된 슬픈 사연을 현대시조라는 압축적 기법에 따라 아주 효과적으로 잘 표현해 낸, 멋진 글이어서 퍽 인상적이며 큰 감동을 제공해 준다.

묏버들 고운 뜻은

김영일

가려 꺾은 묏버들을 임인 양 부여안고
영 넘어 가는 발길 구름조차 따르는데
애틋한 슬픈 이별이 함관령에 머물렀네.

버들잎 입에 물고 타는 한은 열화 같아
상사화 비껴들고 다가드는 비익조는
멀어도 불타는 사랑 일편단심 한 길일세.

평설

이 글은 홍랑(洪娘)이 그의 연인 최경창(崔慶昌)에게 보내는 연심의 시조 '묏버들 가려 꺾어'를 바탕으로 쓴 것이다. 여기서 화자는 관찰자의 입장이지만, 홍랑의 연심과 같은 입장으로 들어가 그녀의 애틋한 일편단심 사랑 감성을 읊어내고 있다.

버들은 본래 순정을 비유하며 이별할 때 많이 쓰는 소재이다. 골라서 꺾은 묏버들을 임인 양 부여안고 고개를 넘어가는 발길엔 구름조차 따르는데, 함관령에 이르러 이별을 고하자니 눈물 어린 애틋한 슬픔이 그 자리를 떠나지 못하고 젖어 있다는 절절한 사연이 가슴을 친다.

시인은 시적 대상의 심경에 들어가 몰입되지 않으면 결코 현장감 있는 생생한 감동을 표현할 수가 없다. 무슨 글이든지 독자와의 공감대가 형성되어야 하는데, 이 글은 '버들잎', '상사화', '비익조', '일편단심'과 같은 사랑 시어들의 적절한 배치와 함께, 화자가 대상의 감성에 들어가 동일화의 투사기법을 구사함으로써, 당시의 시적 분위기를 재현해 내고 있다. 고시조의 분위기를 현대적 감각으로 살려낸 창작기법이 매우 신선한 인상을 주는 좋은 시조이다.

마음

김영재

연필을 날카롭게 깎지는 말아야겠다
끝이 너무 뾰족해서 글씨가 섬뜩하다
뭉툭한 연필심으로 '마음'이라 써본다.

쓰면 쓸수록 연필심이 둥글어지고
마음도 밖으로 나와 백지 위를 구른다
아이들 신나게 차는 공처럼 대굴거린다.

평설

작가는 이 글을 통해서 너무 까다롭게 너무 날카롭게 대인관계 하지 말고 둥글둥글하게 원만한 인격의 소유자가 되라고 은근히 비유적으로 전해 주고 있다. 이 글은 이렇게 교시적·효용론적 의미가 깔려 있다. 효용론적 관점의 시는 작가 중심의 문학관을 독자 중심으로 전환시킨다. 즉 작품이 독자에게 어떤 효용 가치가 있으며 어떤 영향을 끼칠까를 생각한다.

이 작품에서 작가는 날카로운 연필심을 사람 마음의 날카로움에 비유하여 경계심을 주고, 연필심이 닳아 둥글게 되는 것을 성숙하고 원만한 인격의 소유자로 묘사하여 읽는 이로 하여금 공감을 느끼도록 시상을 전개한 솜씨가 돋보인다. 이 글은 독자들로 하여금 의식의 전환을 가져오게 하고 생활 태도의 지표를 제시해 주니 그 동글동글한 맛이 너와 나 사이에서 대굴거린다.

바다

김옥선

까만 결 벨벳처럼 부드러운 밤하늘엔
사금파리 총총 별들 반짝반짝 떠 있는데
두둥실 은빛 달님은 별빛 사이 웃고 있네.

마중 나온 시선들에 꿈속 같은 하늘 바다
가슴속 시원하게 뚫어주는 바람결에
고깃배 시심을 태우고 일렁이며 노를 젓네.

평설

이 글은 사금파리 같이 반짝반짝 빛나는 별들이 떠 있는 밤하늘 은하수를 밤바다에 비유하고, 별빛 사이에서 그를 비춰주는 미소 짓는 달님과 하늘 바람결에 은하를 오가는 고깃배, 그리고 이들을 마중 나온 시선 등, 하늘 밤바다의 조화로운 정경을 몽환적인 필치로 인상적 기법을 이용하여 시상을 전개한 것이 깊은 감동을 제공해 준다.

하나의 시적 환경을 조성할 때 흔히들 물아일체物我一體의 경지를 인상적 기법으로 시상을 전개시켜 나가기도 한다. 이는 사물 융합의 원리로서 도가사상에서의 주관과 객관의 이원화를 지양하고 일원화를 추구한다는 점에서 그 특성이 있다. 이 글에서도 장자의 천인합일과 물아일체 사상을 추구한 것으로 보아 그 시적 배경에는 자아와 자연이 하나라는 도가적 세계관을 구현한 것으로 보인다.

글 속에서 화자는 하늘 밤바다에 어우러져 몰아의 경지에서 그 하늘바다의 바람결에 몸을 싣고 고깃배 시심을 태우고 작시의 노를 젓고 있다니, 퍽 신선감이 있고, 풍류적이며 환상적인 멋진 시조이다.

모질도毛瓆圖 숨비소리

김용채

살면서 죽는소리 너울 끝에 멍울 든다
칠성판 등에 지고 혼백 상자 머리에 이고
저승 밭 깊은 고랑에 한 생애를 묻는다.

바람을 삼킨 파도 잘디잘게 부서질 때
항굽 싸는 잠지 패기 쌍돛대를 올리는데
뿔 높은 하얀 사슴이 귀밑 볼을 붉힌다.

궤삼봉 싹 튼 불턱 타오르는 불꽃 너머
물마루 섬긴 버시 가쁜 숨을 몰아쉬며
호오잇! 가시어멍아 고냉이 잠 깨울라.

보제기 놀던 자리 노을 띠를 풀어 놓고
모질도 마당귀에 나비 없는 꽃이 되어
몽당붓 지그시 눌러 점 하나를 찍는다.

평설

'모질도耄耋圖'는 추사秋史 김정희가 제주도 유배 길에 지은 작품으로서, 노인들의 장수를 비는 축수祝壽 의미가 있는 그림이다. 이 시조에는 작가 내면의 잠재된 의식 세계 속에서 주어진 숙명을 극복해 나아가려는 현실 극복 의지가 꿈틀꿈틀 고개를 내밀고 있어 범상치 않음을 보여주고 있다. 멀리 떨어진 고도孤島 제주라는 특정 지역에서 거친 물살과 사투하며 파랑을 이겨내는 제주 해녀들의 모습을 통하여 자아의 실체를 투영해 보면서, 그 '숨비소리'로 재활을 다짐해 보기도 한다.

'숨비소리'는 잠수하던 해녀가 바다 위에 떠 올라 참던 숨을 휘파람같이 내쉬는 소리이지만, 아마도 고난의 세월을 견디어 낸, 작가의 일시적 안도의 숨소리이기도 할 것이다. 이 글에서 '외기러기'는 노경에 이른 작가의 외로운 입장을 비유하고 있으며, 추사처럼 탱자나무 울타리 안에 위리안치된 자아는 비록 미력한 면이 많지만, 다시 일어서서 소망의 꿈을 펼쳐보리라는 미래지향 의지를 내 보이고 있다.

이 글은 비유적 기법을 동원하여 피나는 역경을 치러낸 자화상을 잘 그려내었다. 고난의 순간들을 잘 이겨내고 때론 안도의 큰 숨을 내쉬기도 하며 인생을 달관하고 극복해내려는 잠재적 세계가 잘 드러난 연시조이다. 작가의 내면세계가 적합한 시어의 차용과 비유로 잘 어울리고 조합되어서 시적 효과를 극대화시키고 있어 수준 높은 시조로서의 면모를 갖추고 있다.

구름이듯 바람이듯

김은자

산 하나 우뚝 서서 "다 버려라" 호령하네,
침침한 눈 비늘을 한 켜씩 벗겨내고
삿됨도 놓으라 하네 눈에 씌운 깍지라며.

먼바다 파도 소리 간간이 들려오는
고즈넉한 산사에서 풍광이나 벗을 하고
고달픈 윤회의 끝을 허허 대며 살라 하네.

평설

  노자는 '무위자연無爲自然'을, 법정 스님은 '무소유無所有'를 주장하였다. 사람이 어찌 '채움'으로만 만족할 수 있단 말인가. '비움'의 철학에서 진정한 '채움'이 이루어진다는 진리를 망각한 채 말이다.
  이 글은 풍광 좋은 어느 산 밑의 산사를 배경으로 지은 시조이다. 인간의 욕심은 끝이 없고 오늘도 세상의 삿됨에 눈멀어 있으니, 만유의 질서를 품고 있는 대자연의 눈으로 보면 대단히 어리석고 한심하기 짝이 없는 노릇이다.
  파도 소리 간간이 들려오는 고즈넉한 산사에 드니 우람한 산은 '다 버려라' 호령하고, 대자연은 우주 질서를 품고 있는 풍광이나 벗을 하며 달인 대관의 자세로 순리대로 살라 하니, 옛 선비들이 길을 걷던 안분지족安分知足의 경지에 드는 듯하다.
  이 시조를 읊으면 물질주의와 이기주의가 팽배한 각박한 현실에서, 마음의 평정을 얻어 안빈낙도安貧樂道의 평안함이 가슴 속에 젖어 들게 한다. 일상에 쫓기는 현대인들에게 자기성찰의 기회를 부여해 줄 뿐만 아니라, 올바른 삶의 철학까지 제시해 주는 좋은 시조이다.

숲의 교향곡

김의식

양지꽃 금강초롱 총총히 자랐는데
기린초 고광나무 개오동 짝을 하니
수목과 인간의 만남 너털웃음 절로 나네.

범부채 도라지 풀싸리 채진목에
히어리 솔송나무 복수초 이웃하니
어깨가 저절로 둥실, 뽑고 싶다 한 가락.

-「숲의 교향곡」전 5수 중 4,5수

평설

이 글은 수목원을 탐방하고 현장의 녹색 자연물들을 보면서 주객일체主客一體의 시상을 그려낸 자연 친화적인 시조이다. 물오른 풀과 나무, 그리고 꽃들과 어우러진 순수한 시심은 너와 내가 따로 없이 모두가 하나며 더덩실 춤을 추며 생명의 찬가를 구가한다. '어깨가 저절로 둥실, 뽑고 싶다 한 가락'이란 표현은 작가의 이런 심정을 표현한 것이다. 환경오염에 찌든 세속을 떠나 모처럼 수목원에 들어 녹색 자연과 동화同化의 경지에까지 이르니, 극에 달한 물아일체物我一體, 물심일여物心一如의 기쁨을 주체할 수 없어 더덩실 춤추며 노랫가락 판이라도 벌이고 싶다는 심경이다.

이 작품에서 느낄 수 있는 작가의 자연관은 상생적 무위자연無爲自然의 도가적道家的 세계관에까지 접맥되어 있다. 자연과 인간과의 교감 어린 글은 무위자연에 기초하여 현대의 인위적인 물질문명을 은근히 비판하면서 노자老子의 자연 친화 사상과 근접한 무욕적인 삶의 모습까지 보여주고 있다. 이러한 작법은 생명 순환과 상생의 원리를 '시조'라는 운율미에 접목시켜 목가적 정형성까지 끌어올린 경우로서, 그 미적 가치가 한층 부여된 작품이다.

눕지 말고 걸어야

김종상

어머니 태반에서 열 달을 누웠는데
세상에 나와서도 요람에 누웠다가
일어나 걷게 되면서 누리를 누빈 우리.

누워서 왔던 세상 누우면 떠난다지
그래서 눕는다는 건 죽는다는 뜻이니
건장한 나무숲처럼 청청하게 서야지.

걷는 길은 무한궤도 꽃길을 달렸어도
기력이 다하여서 걸을 수 없게 되면
영원히 다시 눕는 게 우리들의 길이야.

> **평설**

    필자는 "나무는 눕지 않는다"라는 시집을 낸 바가 있다. 혹독한 난관이 닥쳐올지라도 결코 눕지 말고 나무처럼 꿋꿋하게 늘 건재하리라는 삶의 의지를 상징한 제목이었다. 이 글에서도 '눕지 말고 일어나 걸어라'라는 시상을 전개하면서 어떠한 세월의 시련에도 꺾이지 말고 꿋꿋한 의지를 갖고 일어서라'라는 삶의 지침을 제시해 주고 있어, 의지력이 약해진 현대인들에게 새로운 생명력을 제공해 주고 있다.

    인생길에서 눕는다는 것은 곧 죽음을 상징하는 것이다. 그러니, 강인한 의지력을 바탕으로 어떠한 모진 시련이 닥치더라도 푸르른 나무처럼 늘 청청하게 서서 앞으로 걸어 나아가야 하는 것이다. 이 글은 정서적 가치보다는 효용론적 가치에 더 큰 비중을 두고 있다. 이 글이 읽는 이로 하여금 더 큰 감동을 주는 것은 평범 속에 진실이 발견되거니와, 미수米壽를 맞이한 인생 대선배님의 말씀으로써 고개 숙여 새겨들어야 할 생명의 지침이 서려 있기 때문이다.

    빈손으로 왔다가 빈손으로 가고, 본래 누워서 왔던 길 다시 누워서 가는 인생길, 그러니 살아있음을 증명하려면 눕지 말고 나무처럼 청청히 서야 하리이다. 아포리즘의 미학으로 생명의 메시지를 전달해 주는 감명 깊은 좋은 시조이다.

화왕계
-할미꽃을 생각하다

김지숙

옷깃에 이슬 모아 혈서를 쓰고 있나
굽은 등 흰 살결이 고요를 밀고 있다
하고픈 말이 많아서 밤새 보낸 꽃향기.

새벽녘 푸른 빛을 가슴에 삼켜 놓고
촉촉이 젖은 이마 바람에 슬어 놓고
당신께 띄워 보내는 진심 어린 꽃의 말.

노래는 흘러가고 충언은 기록된다.
천만년 반짝이는 언어에 마음 씻어
꽃그늘 환한 자리에 달콤한 꿈 새긴다.

평설

「화왕계」를 주제로 '할미꽃을 생각하다'를 부제로 삼은 이 글은 설총의 '화왕계花王戒'에 등장하는 '할미꽃'을 들어 충신의 특성과 충언의 사적 의미를 고도의 비유와 시적 언어를 차용하여 형상화시켜 놓은 작품이다. 『삼국사기』 열전에 설총이 신문왕에게 들려준 우화가 실려 있는데, 이 우화는 화왕花王(모란), 장미薔薇, 백두옹白頭翁(할미꽃) 세 인물을 통해 임금이 갖춰야 할 도리를 충고하고 있다.

이 작품은 시조의 첫 줄부터 강인한 인상을 남긴다. '옷깃에 이슬 모아 혈서를 쓰고 있다'라고 하니, 청렴결백한 선비의 충심과 의인다운 면모가 비유적 기법으로 진하게 드러나 있어 독자들의 눈길을 끈다. 마지막 연에서는 유흥으로 끝나는 노래는 흘러가 버리지만, 꽃의 말인 충언忠言은 '기록되어 천만년 반짝이고 달콤한 꿈으로 길이길이 새겨질 것이다'라고 끝맺음을 하였다. 고도의 비유 기법으로 충신의 충언을 미적으로 잘 형상화시켜 놓아 작품성을 높인 시조이다.

은밀하고 위대하게

김지운

붉은 해 떠올릴 때 아무런 소리 없고
차디찬 둥근 달도 아무런 말이 없다
봄밤에 향기로 채운 만발한 꽃들 향연.

온 세상 다 밝히고 다 채워도 은밀하게
스스로 말 안 하고 묵묵히 그 자리에
우주 속 생의 움직임 소리 없이 위대하다.

평설

　이 글의 창작 모티브는 의미심장하다. 의미 깊은 시들을 창작해 본 시인의 시심이라면 금방 이 작품의 주제 의식에 접근하게 될 것이다. 본래 위대한 것은 시끄럽지 않고 고요하며 그 정밀 속에 신비스러운 창조의 섭리가 스며들어 있다. 인간 세상은 온통 혼돈의 상태이고 고금을 털어 다 시끄러운 데, 대자연 속의 해와 달, 그리고 봄빛 속의 봄 향기는 불변의 은밀함과 고요함 속에서 질서를 지키며 만물에 은택을 베풀고 있으니, 그 거룩한 위대성이야 어디다 비할 데가 없다. 하나의 속물이요 미물에 불과한 인간이 대자연의 불변한 은밀함과 고요함을 닮아간다면 그보다 더 위대한 존재가 어디 있으랴! 이 글의 작가는 이러한 대자연의 위대한 섭리를 간파하고 그것을 닮아가려고 하는 인생철학이 봄 햇살처럼 반짝반짝 빛난다.
　대부분의 여류작가들이 대상에서 얻은 직감적 감성만을 글로 묘사한 것이 많은데, 이 작품은 사물에서 얻어낸 직감적 감성 외에 우주 질서와 깨달음으로 얻어낸 자연 섭리의 철학까지 잘 드러나 있기에 큰 감동을 준다.

사랑의 속삭임

김진월(김부배)

임이여 저 별과 달 언제나 불러 놓고
단 하나 마음속에 휘감아 이어 가는
금슬로 나이테마다 정 새기며 살아요.

백향목 향기 아래 손에 손을 맞잡고서
행복이 피어나게 추억도 살아나게
연분홍 아로새긴 꿈 걸어놓고 살아요.

살아온 두께만큼 참 사랑 떠올리며
열정의 그 순간들 뜨겁게 수놓고서
오롯이 높푸른 영혼 하늘 보고 살아요.

평설

　이 글을 읽으면 여성적인 잔잔한 사랑의 속삭임이 넘쳐흘러 그 정감이 읽는 이의 가슴을 울린다. 진실한 사랑은 말보다는 마음으로 눈빛으로 하는 것이다. 이 글에서도 충만한 사랑 감성이 마음속 심연으로부터 자연스럽게 흘러나와 그 다정감이 애절함으로 나타나 구구절절 시적인 정감이 넘쳐흐른다.

　이 글에서 '별과 달'은 고귀하고도 높은 사랑 감성을 이어주고 고조시켜주는, 영원성을 상징하는 매개체이리라. 화자는 대상에게, 그러한 대자연과 더불어 금슬 좋은 인연으로 인생의 나이테에 정을 새기며, 손에 손을 맞잡고 행복이 피어나게 추억도 살아나게 아로새긴 꿈 걸어놓고 살자고 속삭인다. 이 글의 절정은 마지막 수이다. 열정의 순간을 뜨겁게 수놓고서 높푸른 영혼으로 승화되어 하늘 보고 살자 한다. 각 수의 말미에는 '~살아요'라는 각운으로 한층 다정감이 살아나는 여성적 정감을 더해주고 있으며, 특히 마지막 수에서는 임과 함께 현실을 초월하여, 영원하고 거룩한 이상 세계를 지향하며 살아가고자 하는 화자의 거룩한 인생관이 잘 드러나 있어 매우 격조 높은 애정관을 보여주고 있다. 여성적 사랑 감성을 다정한 문체로 격조 높게 시상을 전개하여 크게 감동을 주는 감명 깊은 연시조이다.

부채를 펼쳐 들고

김차복

먹물로 그어 올린 대나무 마디마디
부챗살 사이사이 앞으로 솟아나서
흔들면 대숲 바람이 이마부터 지난다.

해 질 녘 툇마루에 햇살이 비켜서서
부채 끝 쫘악 펴면 저 하늘 가린다며
내 생각 반으로 접어 바람으로 날린다.

평설

 이 글은 작품 내 쓰인 소재들이 첫째 수와 둘째 수에서 서로 충돌하는 교묘한 대칭을 이루면서 차원 높은 시상의 종결을 유도하고 있다. 첫째 수에서 부채에서 불어나오는 대숲바람을 만끽하다가 둘째 수에서는 햇살을 들어 부챗살이 하늘을 가리니 쫙 펴지 못하도록 제동을 거는 것이다.
 이 글에서 부챗살과 햇살은 무엇을 암시하는가? 햇살과 하늘은 부챗살을 펴들고 대숲바람을 즐기며 만용에 빠진 자아를 경계하며 정명한 세계로 인도하려는 의도적 소재이다. 이러한 시상 구도는 공유와 공존, 그리고 상생을 의식하며 스스로의 만용에 제동을 걸려는 작가의 독특한 인생철학에서 우러나온 발상이리라. 그리하여 종장에서는 내 생각을 반으로 접어 참빛을 따라 스스로를 낮춤으로써 안분지족安分知足의 도를 지향하려 한다. 이러한 자기 제어와 겸손 철학의 주제의식은 작품 전반에 걸친 작가의 화두로서 독자들에게 자기성찰의 계기를 마련해 주어 큰 감동을 준다.

폭포

김태균

언제까지 낮게만 몸 숙여 흐를 건가
한 번은 일어서서 내디뎌야 하지 않겠나
기어이 몸을 세워서 통쾌하게 날아보자.

남루한 입성 찢고 천하를 호령하며
하늘로 뛰어들어 직립으로 하강한다
문리文理가 툭 터지듯이 휘갈기는 은유隱喩여.

평설

일찍이 이어령 교수는 동양의 문화를 폭포에다, 서양의 문화를 분수에다 비유하였다. 무위자연의 순리와 흐름대로 따르는 오묘한 동양철학을 찬미하고, 자연의 순리에 역류하지만, 인공미를 새롭게 보는 안목이 드러나 있다. 문학은 과학과는 달리 불가능한 것을 가능으로 발견해 내며 무한한 생성과 창조의 원천이다. 보름달이 어찌 버드나무 가지 위에 걸려 있을 수가 있단 말인가. 그러나 문학에선 가능한 일이며 그 아름다운 상상과 창조의 세계는 끝이 없다. 이 글에서도 '언제까지 낮게만 몸 굽혀 흐를 것인가'라며, '한번은 일어서서 솟구쳐야 하지 않겠나'라는 시상의 흐름이 마치 자화상같이 작가 자신에게 쏟아놓는 말 같아 자연스럽다.

생각해 보면, 물은 생명의 순환이요 부활의 요체다. 폭포는 다시 솟구치기 위해서 떨어지는 것이다. 이 글의 작가는 폭포를 보고 '문리文理가 툭 터지는 것'이 작가로서의 새로운 도약이라 여기면서, 그 떨어지는 모습을 일필휘지 붓을 '휘갈기는 은유'라고 멋지게 표현하였다.

직립으로 천하를 호령하면서 하강하는 폭포의 물리를 의인화하여, 상승 도약을 꿈꾸는 인간의 욕망을 인상 깊게 그려낸 필치가 돋보이는 좋은 시조다.

연서戀書

김태희

통째로 봉하고서 보내는 내 입술은
그리움의 전부를 이렇게 녹여 넣고
한 번쯤 이 진한 마음 배달하고 싶어서요.

힘들고 어려울 때 마주한 날 생각하며
한 자 한 자 촉촉한 은실로 꼬아 만든
첫사랑 나뭇잎 시도 붙여서 보냅니다.

나의 몸 안으로 와 사랑의 씨 담근 눈물
기러기 날개 위서 하늘만큼 땅만큼
기억이 두근거리는 가쁜 숨도 들으소서.

평설

  사랑은 너와 내가 교감하는 무언의 호감 어린 이심전심이 연결고리가 되는 미묘한 감성이다. 그래서 마음속에 자리 잡은 상대방을 흠모하게 되는 경우엔 어떻게든 나의 마음을 전달하고 호소하고 고백하고 싶은 심정일 것이다.
  이 글은 이런 마음을 고백하는 한 편의 애절한 사랑 편지이다. 글 속에는 시정적 자아의 절실한 연모의 정을 배달하고픈 구애적 연정이 간절하게 드러나 있다. 진한 사랑의 표시인 입술을 통째로 봉하여 배달하고 싶다는 자아의 심리 표현도 재미있거니와, '첫사랑 나뭇잎 시詩'도, 두근거리는 가쁜 숨도 함께 동봉한다는 표현이 참신성을 더해 주어 독자들의 큰 공감을 불러일으킨다.
  특히, '나의 몸 안으로 와 사랑의 씨 담근 눈물', '기러기 날개 위서 하늘만큼 땅만큼' 사랑한다는 표현은 비익조연리지比翼鳥連理枝를 떠올리게 하여 큰 감명을 안겨 주고 있다. 부드러운 대화체와 정감 어린 시어들을 차용하여 고백적으로 읊어나간 솜씨가 뛰어나며 시조의 맛과 멋이 돋보이는 수작이다.

허공

김해곤

호젓이 웅크리고 외전선 올려진 채
바람결 맡겨주니 요람이 노곤하여
된서리 망가진 몸이 깊은 궁창 재운다.

산천을 누볐으니 장딴지 붉어지고
휘둘려 눈 돌리다 시야가 핏빛이라
애간장 태우다 보니 털갗마저 어둡다.

짝 잃어 허해진 맘 머리채 흔들리어
잔인한 삶에 지친 구구구 목 꺾이고
꿈결에 상사화 피워 님의 품이 그립다.

평설

바쁜 현대인은 가끔씩 일상에 쫓기다가 틈이 났을 때, 불현듯 뜻하지 않게 멀리 가 있는 스스로을 발견하고 흠칫 놀라는 때가 있다. 이 글은 잔인한 삶에 지친 시적 자아가 허탈감과 공허함 속에서 흔들리다가 갑자기 마음속에 둔 그리운 임에게 기대고 싶어지는 마음을 아주 잘 그려내고 있다.

된서리에 망가진 몸, 짝 잃고 허해진 맘으로 산천을 누비고 애간장 태우다 보니, 사랑도 잃고 정도 잃고 모든 게 어둡고 공허할 뿐이다. 그래서 화자는 꿈결에나마 상사화相思花를 피워 임의 품으로 돌아가 위안받고자 하는 애정적 정서를 시조 풍류로 잘 읊어내고 있다. 상사화에는 탑돌이 하는 세속의 여인을 사랑하다가 말 한마디 하지 못하고 상사병으로 유명幽明을 달리 한 어느 수행 스님의 애절한 사연이 담겨 있다고 한다. 상사화의 전설을 떠올리게 하는 이 글은 현대인의 허무와 고독, 그리고 메마른 사랑의 욕구 속에서 울컥 치미는 연모戀慕의 정이 진솔한 인간미로 드러나 있는 감명 깊은 좋은 시조이다.

군밤 장수

노재연

칼바람 몰아치는 길가의 한 모퉁이
버거운 식솔의 생존을 등에 지고
날마다 외쳐야 하는 벼랑 끝 비명소리.

흥겹던 그 가락은 가난에 얼어붙고
풀죽은 군밤타령 행인 발길 멈춘 덕에
지전을 욱여넣고서 히죽 웃는 군밤 장수.

허기진 허리 전대 언제쯤 배 채우나
생사의 무게추가 짓누르는 겨울밤
아내의 창백한 얼굴 초점 잃은 눈동자여.

평설

 이 글은 소외된 계층에 대한 연민과 인정, 그리고 가족의 소중함을 일깨워주는 시조이다. 무거운 가장의 책임을 등짐으로 지고 길거리에 나선 군밤 장수의 뇌리에는 배고픈 가족의 모습이 떠나질 않는다. 창작의 모티브는 길거리의 군밤 장수를 보고 시상을 구상하였겠지만, 어쩌면 그러한 면모는 가난과 억겁 속에서 허기진 세월을 살아왔던 자신의 자화상인지도 모른다.
 작가는 주제에 따른 소재를 선택하는 안목과 그것을 시조 형식에 맞도록 적합하게 조합해내는 창작 능력이 돋보인다. 소외감 속에서 느끼는 현대인의 감성을 정형시로써 물 흐르듯 시상을 전개해 나간 솜씨가 범상치 않다. 시의 생명력이 공감대라면 시조 「군밤 장수」는 서민적인 애환과 연민의 심연에서 우러나오는 영혼의 울림이 가슴을 친다. 하나의 글이 독자들의 공감대를 얻기 위해서는 자신만의 독특한 체험에서 우러나온 진실한 고백이 시맥의 중심축을 이루어야 하는데, 이 시조에는 이러한 서민적 인간미가 선명하여 감성 공유의 폭이 넓다.

눈깔사탕 제사상

라현자

소싯적 소풍 갔다 산소 옆 밭둑길로
할머니 모신 곳에 그리워 찾아갔네
나뭇잎 접시 삼아서 사탕 올려 절하고.

집으로 오는 길 달콤한 사탕 생각에
몇 번을 뒤돌아보며 침 삼키고 참고 보니
꽃인 양 묘지 앞에 핀 눈깔사탕 제사상.

평설

　노년기에 접어든 할머니 할아버지로서 이 글을 읽으면 가슴 찡한 감동이 눈시울을 뜨겁게 적시게 한다. 어린 손녀가 소풍갔다 돌아오는 길에 돌아가신 할머니가 그리워 밭둑 산소에 찾아가 나뭇잎을 접시 삼아 소풍 때 아껴둔 눈깔사탕을 제물로 올려놓고 동심 어린 제례를 지냈다니, 산소에 누워계신 할머니는 그런 손녀의 마음 씀씀이가 얼마나 대견스럽고 예뻤을까 참으로 눈물겨울 정도이다.
　아껴두었던 사탕을 제물로 올려 드리고 먹고 싶었던 마음에 산소를 떠나면서 뒤돌아보니, 제사상의 조화弔花인 양 차려놓은 제사상을 자꾸 되돌아보는 효심 어린 손녀의 마음씨가 마냥 귀엽고 대견스럽기만 하다. 세상에 아무리 호화스럽고 고급스러운 제기 제례 차림이 있다고 해도 이보다 더 귀하고 값진 제사상이 있을 수 있단 말인가!
　동시조의 성격을 띤 이 글은 동심 어린 순수한 시혼의 세계를 독자들에게 멋지게 선물하고 있다. 평범 속에 진실이 발견되는 수준 높은 글로서 동심 어린 순수 시혼이 반짝반짝 빛나는 좋은 시조이다.

사투리

류각현

어딘지 무뚝뚝한 경상도 사투리말
친근한 전라도말 감칠맛 절로 난다
충청도 여유롭고도 유연해서 정겹다.

구수한 보리밥 맛 된장찌개 닮은 말들
산과 물 강이 키운 흙내 묻은 언어의 꽃
사투리 정겨운 향기 고향 사랑 넘쳐난다.

평설

　강원도 원주는 시조 부흥의 거점인 듯, 훌륭한 시조시인들이 많이 배출되고 있다. 원주가 시조 발전의 거점으로 크게 부상하게 된 것은 고려말 충신이요 시조 작가인 운곡耘谷 원천석元天錫의 탄생지인데다, 걸출한 시조 작가들이 후학 양성을 위해 많은 창작 지도를 해온 노력의 결과이기도 할 것이다. 이 글의 작가는 시조의 불모지 원주를 '시조 부흥의 고장'으로 일구어놓은 장본인이다.
　이 글을 읽으면 한국적인 '구수한 토종 된장 맛'이 입가에 맴돈다. '사투리'란 본래 지방색이 표출되는 별미가 있기에, 개성적 특성이 강조되는 문학에서는 오히려 감성을 자극하여 문학성을 높여주기도 한다. 무뚝뚝하지만 믿음성 있는 경상도말, 친근하여 감칠맛 나는 전라도말, 여유롭고 유연하며 안정감 주는 충청도말, 이러한 지방 색깔이 민족의 얼과 혼이 담겨진 '흙내 묻은 언어의 꽃'이라고 작가는 찬미하고 있다.
　'사투리'는 고향을 떠올리게 하는 애향심의 근원이다. 이 글은 이러한 구수한 애향심의 주제 의식을 '시조'라는 그릇에 담아 아름답게 구워낸 좋은 글이다.

쇠별꽃의 하늘

리강룡

몇 광년 거리를 짚어 지상에 내렸던가
바람에 흔들리는 낯이 선 별자리가
순은 빛 예쁜 수놓아 새 하늘을 만든다.

사랑은 사랑만으로 멀어진 은하 양 켠
칠월도 칠석이면 눈물짓던 그 별들이
오늘은 낮게 내려와 내 앞에서 뜨고 있다.

풀잎은 잎을 굽혀 바쁘게 물을 긷고
독사와 개구리가 함께 노는 뿌리 근처
꽃별의 소망을 담은 혼의 노래 듣는다.

평설

이 글은 시인이 얼마나 글감으로 주어진 객관적 상관물에 몰입될 수 있으며, 얼마나 그것들과 대화를 통하여 동화될 수 있는가라는 자문을 받게 만든다. 땅바닥에 납작 엎드려 붙어서 여러 갈래로 줄기 머리를 내밀고 하얗게 별 모양을 우려내는 앙증맞은 쇠별꽃! 그것은 몇 광년의 거리를 짚어 지상에 내려온 신비스러운 별자리다. 작가는 그들의 우주 속에 들어가 그들과 함께 노닐며 소망의 노래를 듣고 있다.

맹자孟子에 '대인大人은 적자지심赤子之心'이라 하였는데, 시를 쓰는 마음도 어린이의 눈으로 돌아가 대상물과 순수하게 동화되지 않으면 좋은 글이 될 수 없다고 본다. 이 글에는 그러한 표현 기법이 놀랍게 동원되어 있으며, 현미경을 들여다보듯 자연물을 관조하는 독특한 작가의 세계가 현재형 시제로 전개되어 있어 더욱 현장감을 자아낸다. 하늘 별빛으로 지상에 내려와 납작 엎드려서 소망의 노래를 부르는 쇠별꽃! 순수한 눈으로 사물을 바라보는 심미안이 깊고 넓으며, 범상치 않은 개성적 안목으로 독자들의 마음을 끌어당기는 좋은 시조이다.

버나재비
-남사당놀이에서

모상철

허공을 가른 접시 막대 끝 받아 올려
눈길 바쁜 풀무질 가락 따라 돌리면
멀리서 오는 메아리 거미줄 비켜 가리.

나날도 끼니마저 막대 끝 맺혀진 삶
떨구지 말 것이란 접시만이 아니라기
돌아라 신명을 넘어 나이테야 돌아라.

평설

이 글은 설명적 묘사와 암시적 묘사가 조화로운 양상을 띠고 있다.
'버나재비'는 남사당패에서 대접돌리기 따위의 재주를 부리는 사람을 말한다.
작가는 버나재비의 접시 돌리는 모습을 실감 나게 묘사하고 그것을 실수하지 않음이 버나재비의 끼니요 생계 수단이라는 점을 시적으로 은근히 암시해 주고 있다. 묘사와 설명이 조화를 이루고 있어 버나재비의 이미지가 더욱 인상 깊게 감동을 불러일으킨다.
묘사와 관계되는 감각적 이미지 중에서 가장 두드러진 것은 시각적 이미지이다.
이 글은 '허공을 가른 접시 막대 끝 받아 올려' 등 회화적 수법이 중심이 되어 벼랑 끝 인생을 살아가는 독특한 사람들의 애환을 잘 그려내고 있는 좋은 시조이다.

고추 말리기

문경훈

무소식 피붙이에 태양초 주시려고
곱사등 할머니가 한가위 손꼽으며
땡볕을 머리에 이고 고추를 말리신다.

검붉게 익어가는 매운 세월 그 실핏줄
고추는 멍석에서 할머니는 토담에서
허공을 바라보면서 바삭바삭 말라간다.

평설

 이 글은 작품성이 높다. 물질주의가 팽배한 현대 사회의 경로효친 실상을 비유적 기법으로 은근히 비판하면서 고향 어르신들의 심리를 실감 있게 묘사해 내고 있다. 좋은 글이란 독자들에게 깊은 감동과 함께 공감대가 형성되도록 시상을 전개해야 되는데, 이글은 그러한 면에서 상당히 수준 높은 작가의 필력을 보여주고 있다.
 요즘 세상에 대부분 피붙이 자식들은 고향에 연로한 어버이가 계셔도 문안은커녕 깜깜무소식으로 일관한다. 고향에 계신 노친老親들은 '혹시나 명절이 되면 오려나' 하고 고추며 푸성귀 등 선물꾸러미를 정성 들여 준비해 놓는다. 이 글에서 시어 '태양초'는 자식들에게 태양 빛 정성을 선사하려는 소망의 상징 '고추'의 다른 이름이다. '허공을 바라보면서 바삭바삭 말라간다'라는 표현은 단순한 고추 말림만을 의미하는 것이 아니라, 기다림은 헛된 망상일 수도 있으며 노친의 마음은 애가 타서 자꾸 야위어만 간다는 중의적重意的 의미로, 연민憐憫의 정을 암유한 고도의 비유적 기법이다.
 적절한 소재의 취택과 배치, 토속적 정서 표현에 의한 연민의 정감이 시적 효과를 극대화시킨 수준 높은 시조이다.

박달나무 꽃피다

문순자

박달나무 박달나무 긴 주걱 따라가면
밥 달라 밥 달라는 예닐곱 살 구엄바다
무쇠솥 처얼썩 철썩 휘젓는 어머니 노.

제천장 좌판에서 그 주걱 또 만났네
한세월 거슬러온 박달재 고갯마루
아버지 낮술에 취한 '희망가'도 따라왔네.

오늘은 김장하는 날, 친정집은 잔치마당
젓갈이며 고춧가루 세상사 휘젓고 나면
한겨울 긴 주걱 끝에 덕지덕지 피는 꽃.

평설

　이 시조는 읽을수록 시조의 맛과 멋을 느끼는, 작품성이 뛰어난 좋은 시조다. '박달나무 주걱'이라는 특별한 소재를 선택하여 제주 향토 여인의 서정을 실감 있게 아주 잘 표현하였다. 이 글의 특징은 참신성과 비유성이다. 우선 발음상의 유사성을 이용한 의성 시어의 등장이 눈에 번쩍 뜨인다. '박달'과 '밥 달라'의 의성 발음을 이용한 재치 있는 시상 전개가 묘미를 주며, 무쇠솥 내용물을 휘휘 젓는 주걱질을 '어머니 노'에 비유한 것은 참신성을 더해 준다. 글의 말미에서도 맵고 짠 통 안의 버무린 김장 양념을 혼돈의 세상사에 비유하고, 그것을 긴 주걱으로 휘휘 젓는 모습을 통하여 '한겨울 긴 주걱 끝에 덕지덕지 피는 꽃'이라고 애환을 승화시켜 긍정적으로 표현함으로써 신선미와 생명력을 더해 준다. 이 작가는 시 언어를 다루는 솜씨가 범상치 않다. 신선한 언어의 차용과 비유, 그리고 독특한 의성 작시법 등이 눈길을 끌어 독자들에게 깊은 인상을 심어주는 감동적인 으뜸 시조이다.

목어木魚

문영길

갈 길을 잘못 들어 운명을 의탁하고
무욕의 뜬 눈으로 해탈을 탁발하니
허공을 헤엄쳐 가는 기도 소리 무량하다.

몽매함 일깨워서 은연중 듣는 설법
제 뱃속 비워내니 울림이 물결치네
목어가 산에 온 까닭 바람결에 듣는다.

평설

이 글은 사찰 경내의 목어를 바라보고 떠오르는 시상을 펼쳐 낸 글이다. 큰 사찰 경내에 들면 대개 불전사물佛前四物이 자리 잡고 있는데, 보통 범종각梵鐘閣 안에는 범종 이외에 법고法鼓, 목어木魚, 운판雲版이 거치되어 있다. 이 사물四物은 예불 시에 각기 인간, 길짐승, 수중생물, 날짐승을 제도하는 소리를 울려내는 것이니, 이중 목어는 수중생물을 제도하는 법 용구를 말한다.

이 시조에서는 이러한 불교 용구 중, 목어에 담겨진 깊은 의미를 시화한 것이다. 본래 수중에 있어야 할 물고기가 산중에 들어와 범종각 안에 걸려 있으니, 분명 길을 잘못 들은 것이다. 그러나 불도에 운명을 의탁하여 무욕의 세계로 들어와 빈 그릇으로 해탈을 구걸하면서 허공에 기도 소리 무량으로 외친다고 하니, 참으로 의미심장한 적합한 표현이다.

후반부에서는 설법을 듣고 제 뱃속을 비워내니, 설법이 공명을 불러일으키며 그 울림소리가 물결친다고 하였다. 그 물결에 수중생물들이 불법 제도의 은택을 입고 일어날 것이니, 목어가 산에 온 까닭도 그 울림결로 알 수 있다는 것이다. 이 글은 '목어'라는 사찰 소재를 취택하여 독자들에게 무욕과 해탈, 그리고 비움의 철학까지 제시해 주는 의미 깊은 멋진 시조이다.

익선관 매미의 외침

문장수

컴컴한 땅속에서 십칠 년 득음한 후
두리번 짝을 찾아 익선관 갈아 쓰고
공원 숲 열린 광장에 시위대로 나섰다.

태양 빛 조명받는 초록빛 그늘 합창
천적들 몰려들어 호시탐탐 노려보나
힘 모아 동네방네로 목청껏 호소한다.

맴맴맴 쓰름쓰름 혼신의 힘 피 토하며
익선덕翼蟬德 옷 걸치고 목 터지게 사랑 불러
뜨거운 가마솥더위에 울음폭포 쏟아낸다.

평설

매미는 17년간 땅속에서 유충 상태로 보내다가 세상 밖으로 나와 숲을 메아리치며 짝짓기를 위해 구애하며 울어댄다. 매미의 수명은 고작 일주일에서 한 달 정도인데 살아생전 그가 내뿜는 구애적 외침은 너무도 애절하여 우리네 인간에게 큰 감동을 준다. 매미는 뜨거운 한여름의 전령사이지만, 짝짓기를 원하며 그토록 대성통곡하니, 임을 찾는 매미의 애절함이 바람결에 흩날릴 때마다 인간이나 동물이나 사랑을 갈구하는 심리는 같다는 순리를 일깨워준다.

매미는 5덕五德을 지닌 동물이다. 집을 짓지 않기에 검소하며儉, 이슬과 나무 진액만 먹고 살기에 맑으며淸, 곡식을 해치지 않기에 청렴하며廉, 입 모양이 선비의 갓끈을 닮았고文, 때를 맞춰 죽으니信, 그 5덕五德이 선비상의 귀감이 된다. 그러기에 일찍이 조정 관료의 모자를 매미의 날개를 본뜬 '익선관翼蟬冠'이라 하였다.

이 글은 이러한 매미의 지극한 사랑과 청렴성을 적절한 비유 기법을 통해 잘 구상화시켜 낸 멋진 연시조이다.

서울 낙타

민분이

가쁜 숨 몰아쉰다, 불혹의 지친 낙타
눈자위 그렁그렁 모래알이 깔깔하다
노숙의 속울음 운다 천만 조각 넝마 되어.

가다 앉아 다리품 쉬고, 가다 앉아 하늘 보고
옹이지는 뼈마디들 휘청거리는 저물녘에
놓친 꿈 잡을 수 없어 가로등처럼 앉아 있다.

찬바람 휩쓸고 간 거리에서 등걸잠 자다
두고 온 살붙이 떠올라 자꾸만 눈 훔치는
등 굽은 낙타 한 마리 새도록 뒤척, 뒤척인다.

평설

　이 글은 모방론적 입장에서 볼 때, 냉혹한 현실을 잘 재현해 내고 있다. 차가운 현실 속의 희생자인 노숙자는 타관 땅에 떨어져 나온 등 굽은 낙타다. 낯선 땅의 낙타는 두고 온 살붙이를 그리워하면서도 그 자리를 떠나지 못하고 천만 조각 넝마 되어 등걸잠을 자며 휘청거리다 눈물만을 훔쳐내고 있다. 작가는 어쩔 수 없는 현실의 벽에 가로막혀 거리를 방황하는 노숙자의 처지를 등 굽은 낙타에 비유하여 현실적 소외자의 풍경을 잘 그려내고 있다. 리얼리티(reality)는 현실과 인생을 있는 그대로 작품에 재현하거나 반영하여 공감을 불러일으킴으로써 독자들에게 진실성과 실감을 제공해 주는 문학적 특징이 있다.
　서울 낙타! 멀리 타관 땅에 떨어져 나온 등 굽은 낙타는 다시 고향으로 돌아가야 한다. 이 시조를 읊조리면서 노력한 만큼 주어지는 정의로운 사회, 사랑과 배려와 진실의 꽃이 피는 밝은 사회를 그려본다.

보릿고개

박금선

어머니 삼베적삼 참깨밭 춤을 추고
아버지 낮술 한 잔 들깨밭 아리리요
끈끈한 거미줄 인연 품다 보니 한세월.

우리 집 단골손님 보리밥 풀 이파리
오실 땐 지겨워도 가고 남 힘이 솟네
온 식구 꼬부랑 고개 잘도 간다 손잡고.

평설

 이 글을 읊조리는 이들은 내용상으로는 궁핍한 기근 시절의 서민적 애환의 감성을, 형식적으로는 미묘한 가창 운율감에 고개를 끄덕일 갓이다. 논어에 '흥어시興於詩 입어례立於禮 성어악成於樂', 즉 '시를 읽으면 감흥이 일어나고 예로써 바로 서며, 음악으로서 완성된다.'라고 하였는데, 이 글을 읽으면 이러한 감흥은 물론, 미묘한 음악적 미감에 빠져들게 한다.
 시조가 자유시와 크게 구별되는 것은 내용의 압축 질서와 엄격한 정형률에서 나오는 선명한 음악성이다. 이 시조는 근래에 신인으로 시조 입문을 한 작가의 글로서, 이런 시조 창작의 묘미와 기법을 상당히 습득한 것으로 보인다.
 이 글은 시골 민초들의 삶의 애환을 긍정적 서민적 풍치로 흘러가는 가창적 선율미를 재치 있게 살려내면서 아주 잘 묘사해 낸 수준작이다. 초근목피로 이어가던 보릿고개 시절, 아버지와 어머니 그리고 온 식구들의 끈끈한 인연과 삶의 애환이 애이불비哀而不悲의 긍정적 가락으로 노래 부르듯 전편에 넘치고 있어 신선한 감동을 제공해 주는 멋진 시조이다.

보리의 일생

박명옥

흰 눈을 이불 삼아 언 땅에 뿌리 내려
짓밟혀도 신음조차 할 수 없는 지난날들
청보리 푸른 물결 속 청운의 꿈 익어가네.

배고픈 어린 시절 물배 채운 점심시간
깜부기 익어가면 보리피리 불면서
악동들 풋보리 서리 까만 입술 훔치네.

바람에 일렁이며 알알이 익어가면
껍데기 비벼 먹던 상처 아직 선명한데
요즘은 건강식이라며 왕 대접을 받는다.

평설

　이 글은 보리의 일생을 유아기-성장기-성숙기로 나누어, 초근목피로 연명하던 극심한 기근 시절의 추억을 중심으로 시상을 전개시키고 있다. 가을에 파종된 보리가 겨울의 언 땅속에서 청운의 꿈으로 자라나는 모습을 굶주린 보릿고개 시절의 배고프고 쓰라린 민초들의 모습으로 비유하면서, 지난날의 뼈아픈 추억을 선명히 잘 그려 내고 있다. 이러한 글은 작가의 어려웠던 시골 체험이 없다면 이루어질 수 없었을 것이다. 그래서 구양수도 '시궁이후공詩窮而後工'이라고 하면서, "시는 곤궁함을 겪은 뒤에라야 잘 써지는 것이다"라고 하였다.
　이 글에서, 작가가 말하고자 하는 주안점은 끝 연의 말미이다. '보리'라는 화두에 대하여 우리가 겪어내던 쓰라린 상처가 선명한데, 요즘은 보리가 '건강식'이라며 '왕 대접'을 받는다니 세월이 만들어 낸 아이러니에 쓴 웃음을 짓게 한다. 이 글은 농심이 깃든 작가의 배고픈 시골 체험 추억이 잊혀져가는 세월을 떠올리게 하며, 어두운 시절의 추억이 풋풋한 시심으로 변환되어 작가의 필력이 돋보이는 좋은 시조다.

군자란 부부

박영숙

앞발은 토끼 다리 설레설레 바삐 가고
뒷발은 거북다리 뒤뚱뒤뚱 더디 간다
평형을 잃은 네 다리 뒤엉키고 넘어지며.

앉은뱅이 쌍그네에 나란히 걸터앉아
두 어깨 맞대어도 보는 곳은 서로 달라
빈 허공, 초점은 어디 가깝고도 먼 이웃.

평설

　부부란 가깝고도 먼 사이다. 평생을 함께하니 너무 친숙하여 스스럼이 없다. 예의 범절이 뛰어난 고품격의 인격체와는 다르지만, 대부분 때론 너무 가까워 경홀히 여기거나 무례를 범하기 일쑤다. 나이 들어 함께 길을 걸어갈 때에도 젊을 때와는 달리 평형을 잃고 한쪽은 너무 앞서고 다른 한쪽은 느리게 따라가기도 한다.

　일찍이 부부를 '일심동체—心同體'라 하였고 연인 사이를 '비익조연리지比翼鳥連理枝'라고 하였지만, 앉은뱅이 쌍그네에 걸터앉으면 젊을 때와는 달리 아무리 어깨를 맞대어도 시선과 생각은 서로 달라 동상이몽同床異夢이다. 사실, 나이 들면 삶의 모습이 가식적이지 않고 진실 쪽으로 회귀하게 된다. 지나치게 꾸미지 않고 잘 보이려고도 애쓰지 않는다. 생각은 다르지만 그냥그냥 함께 동행하며 살아가자니 때론 허무감이 내심을 할퀴고 지나간다. 그러니 군자같이 품격 높았던 부부 사이도 '빈 허공'이 다반사며 둘 사이는 '가깝고도 먼 이웃'이 된다.

　이 글은 이러한 부부 사이의 미묘한 관계를 심리적인 시적 경지로 승화시켜 멋지게 표현해 낸 좋은 시조다.

허난설헌 곡자시비 앞에서

박용한

한 많은 시집살이 자식 잃고 요절하고
어이타 멸문 집안 무덤마저 눈 밖인가
때 늦은 나그네 발길을 봄꽃들이 비웃네.

켜켜이 묵은 여한 어느 세월 벗어날까
가슴에 저며 드는 글 꽃향기 향불 피고
눈물로 서러움 싸서 곡자시哭子詩를 쓸어보네.

평설

이 글은 조선의 여류 문인 허난설헌(1563~1589) 무덤(경기도 광주)의 「곡자시哭子詩」를 보고 그 슬픈 사연을 읊조린 시조이다. 허난설헌의 본명은 초희楚姬이고 호가 난설헌蘭雪軒이다. 그녀의 아버지는 당시 명망이 높았던 초당草堂 허엽許曄이었고, 위로 오빠 허성과 허봉, 그리고 아래로 남동생 허균이 있어 모두 문명이 높아 당대 명문가로 이름을 떨쳤다. 그녀는 어릴 적부터 이달李達에게서 학문을 배워 '여신동'이라는 평판을 받았는데, 안동김씨 문중 김성립과 결혼 후에는 시댁의 눈치로 시집살이가 평탄치 못해, 자신의 문재文才를 마음껏 발휘할 수 없는 처지가 되었고, 더구나 당쟁으로 인해 친정까지 멸문의 화를 당하여 그에 따른 정신적 충격은 이루 다 헤아릴 수 없었다. 설상가상으로 그녀는 딸과 아들까지 일찍 잃게 되는 큰 슬픔을 맞이했는데, 곡자시는 어린 남매를 잃고 가슴 미어지는 큰 슬픔을 토해낸 글이다.

이 시조는 난설헌 무덤 곡자시의 슬픈 사연을 보고, 이제서야 겨우 한 맺힌 묘역을 찾아온 자신을 '봄꽃마저 비웃고 있구나' 하며 자책하면서, '눈물로 서러움 싸서 곡자시를 쓸어본다' 하니, 화자의 애절한 추모의 정이 또한 더욱 슬픔을 더해 준다.

소금의 꿈

박우촌(박헌오)

갯바람 등 떠밀어 오대양을 떠돌다가
시들지 않는 몸으로 남으려는 욕망의 덫
꿈꾸던 햇살에 누워 피어나는 하얀 꽃.

한 알 생명 녹아들어 한 소절의 음악이 되고
사랑하올 임의 강 속 굽이굽이 애무하다
향 맑은 핏줄 가득히 유랑하는 소금꽃.

평설

 사물에 대한 예민한 관찰력, 그리고 그것을 개성적 안목으로 표현할 때 좋은 글은 탄생한다. 그러기 위해서 시인은 평소 평범한 사물이라도 그냥 지나치지 않고 깊이 생각하고 다시 들여다본다. 시조에서의 의미는 이미지로 대표되는 내면의 흐름이기에, 그 이미지는 자유시보다 더 압축되어야 하는데, 추상적인 것을 보이는 것처럼 구상화시켰거나 없는 것을 있는 것처럼 환치시켜 놓았을 때, 더욱 문학적 가치는 상승된다.
 이 글에서도 '꿈꾸던 햇살에 누워 피어나는 하얀 꽃'이나, '향 맑은 핏줄 가득히 유랑하는' 존재는 '소금꽃'을 비유하여 형상화시켜 놓은 멋진 표현이며, 안 보이는 대상을 보이는 것처럼 구상화시켜 놓은 표현이다. 특히 '소금꽃'을 유랑하며 떠돌다 피어나는 하나의 생명체로 의인화시키면서, '사랑하올 임의 강 속 굽이굽이 애무하다 향 맑은 핏줄' 가득히 피어난 소중한 결정체라고 표현한 것이 예술성, 문학성을 높여주고 있어 큰 감동을 준다. 햇살에 비치는 해맑은 소금꽃처럼 반짝반짝 빛이 나는 좋은 시조이다.

할아버지의 계급

박초야

잃었던 그 시간들, 반세기에 잠들어도
섬세한 오행 속에 애국정신 곧게 피어
이 강산 평화의 불길 저 산 높이 번지네.

핏빛 어린 적멸의 한 나라 위한 의기충천
박인화 장군 전진 백만 군사 만세 불러
지금도 승리의 깃발 방방곡곡 휘날린다.

평설

　이 글의 작가는 항일 의병대장 박인화 장군의 손녀딸이다. 순국선열 독립유공자의 유족이며 애국지사의 후손이기에 작가의 작품 세계에는 독립유공자 집안으로서의 작가의 자부심과 긍지가 잔잔히 흘러넘친다. 의병대장 박인화 장군의 기상은 핏빛 어린 적멸의 한을 머금고 지금도 살아 있어서 '평화의 불길'로 '승리의 깃발'로, 전국 방방곡곡에서 휘날리고 있다고 할아버지의 애국혼을 칭송하고 있다.
　집안의 한 조상이 나라 위해 남기신 족적이 크게 위대할 때, 그 자손들은 엄청난 자부심과 긍지를 갖고 인생을 의로운 길 따라 개척하며 살아가게 된다. 이런 경우는 과거 김좌진金佐鎭 장군의 정신을 이어받은 '장군의 아들'이나, 선조 퇴계 이황李滉의 뿌리 정신을 이어받은 시인 이육사李陸史의 애국정신 등을 통해서 잘 알 수 있다. 독립유공자의 정체성과 정통성을 물려받은 이 글의 작가는 여타 여류 문인들과는 다르게 그 작품 세계에는 선조에 대한 숭모 정신과 향토애와 애국정신이 두드러져 있어서 색다른 감동을 제공해 주고 있다.

시의 몰골

박헌오

붙박여 살다 보면 더 오래 남을 허물
뼈를 휘어 짜올린 시 한 마당 널어놓다
욕정 다 날려 보내고 건져놓는 넋두리다.

태반胎盤의 흙에 쌓인 모국어의 찬연한 빛
세월 끝 세상 끝까지 이어가는 겨레의 얼
한 줄의 시로 살아서 감겨가는 혼의 몰골.

평설

 이 시조를 읽으면 문학창작에 심취한 문사 정신과 우리 전통 시조에 대한 사랑 감성의 충일함을 느낄 수 있다. 갈대가 무시로 불어 닥치는 강풍에 수없이 흔들리지만, 그 뿌리는 땅속 깊이 자리 잡고 있어 아무리 흔들려도 그 뿌리 정신에는 변함이 없듯, 우리의 전통문학 시조에도 대대로 내려오는 조상의 뿌리 정신이 숨 쉬고 있으니, 시조 창작이야말로 우리 겨레의 얼과 혼을 지켜나가는 지름길이 아니겠는가? 작가는 모국어의 얼개로 짜놓은 '겨레의 혼'을 부각시키면서 시조시인으로서 창작의 어려움과 그 결과물을 시적으로 잘 형상화시켜 놓았다.

 이 글은 작시의 어려움이 비유적으로 수준 높게 잘 표현되어 있는데, 얼마나 힘들었기에 '뼈를 휘어 짜올린 시'라고 하였을까? 마치 고송孤松이나 백학白鶴에 비견할 만한 시인은 자신의 시를 '넋두리'이자 '혼의 몰골'이라고 비유하며 겸손함으로 표현하였지만, 그것은 '욕정 다 날려 보내고 건져놓은 넋두리'이자 그래도 '세월 끝, 세상 끝까지 이어갈 겨레의 혼'이라고 하며 자위하고 있다. 이 글은 시조시인으로서의 존재감과 작가로서의 겸손한 품성이 조화를 이루면서 선비정신과 작시 정신에 투철한 시인다운 면모를 보여 매우 인상적인 좋은 시조이다.

거미 눈, 마주치다

박희옥

한 가닥 줄만으로 오히려 족했을까
받든 순명 이어가는 옹골찬 결기 하나
밝게 갠 여백 하늘도 눈치 살펴 빌린다.

허공에 걸어놓은 한 올 가는 목숨이
굶주린 배 움켜쥐고 아슬하게 매달려
기회만 포착하다가 까무룩 잠도 들고.

저녁놀 비낀 자리 종소리 따라든 몸
스며든 외로움에 손 모으는 저녁기도
기진한 영혼 보듬고 길을 묻는 순례여.

평설

　이 글은 작가 내면의 심미안이 돋보이는 의미 깊은 연시조다. 훌륭한 작가는 사물에 대한 예리한 관찰과 개성적인 안목이 필수인데, 이 글은 그런 면에서 매우 뛰어난 작품이다.

　이 글의 제목에 나타난 '거미'는 아마도 망망히 허공에 떠서 길을 찾아 헤매며 순례하듯 참 길을 찾아 나서는 작가의 자화상일지도 모른다. 그러한 추측을 가능케 하는 부분은 셋째 수이다. 마치 밀레의 「만종晩鐘」을 떠올리듯 저녁 종소리에 스며든 외로움을 떠안고 두 손 모아 기도하는 존재, 기진한 영혼을 보듬고 새로운 인생길을 찾아 묻는 순례자의 순수 이미지 때문이다. '거미'란 존재는 한 가닥 줄로 허공에 금을 긋듯 하늘의 눈치를 보며, 한 올 가는 목숨으로 새 길을 만들어 나간다. 그렇게 살아가는 것이 그의 숙명이요 운명이다. 우리네 인간도 허공을 휘저으며 발버둥 치는 인명재천人命在天의 존재이니, 아슬아슬 공중에 매달려 곡예 하듯 하늘의 눈치를 보는 그 녀석의 삶과 무엇이 다르겠는가?

　'거미'란 객관적 상관물에 감정이입 기법으로 서정적 자아의 외롭고 힘겨운 인생을 투사하여, 멋지게 표현해 낸 수준작이기에 크게 감동을 받는 작품이다.

수학여행

배종도

수십 년 전 그 학생들 잠 안 자고 떠든 말들
한낮까지 물고 와서 토함산에 뿌렸는데
지금은 숙성이 되어 저리 숲을 이뤘네.

오늘 또 긴 행렬이 석굴암을 향해간다
남자에게 더 많다는 초록 수다 막 뿌린다
그 애들 아들들인가 몰라 눈 붓도록 잠 안 자던.

평설

  학창 시절의 수학여행은 최고의 가슴 부푼 추억거리다. 특히 버스 기차를 타고 원거리 여행길에 나설 때는 그 설레는 마음에 밤잠을 설친다. 소외되는 걸 싫어하고 누군가와 벗하기를 좋아하는 학생 시절엔 수학여행 길에 동행하는 친구들과 어울림이 그들의 큰 관심사다. 만약 수학여행 일정에 1박이라도 하는 날에는 잠도 안 자고 수다들을 떨고 추억을 쌓기에 바쁘다.
  이 글의 화자는 이러한 학생들의 심리를 꿰뚫어 보고 그들의 순수한 젊은 꿈과 패기의 추억을 성장기라는 입장에서 아주 잘 그려 내고 있다. 학생들의 필수 탐방코스는 국가 문화재인 불국사와 토함산 석굴암이었다. 오랜만에 들른 토함산 석굴암, 화자는 현장의 우거진 숲을 보고 지난날 학생들을 인솔하면서 그 왁자지껄 수다를 떨었던 학생들의 순수한 꿈들이 숙성하여 숲을 이루었다고 감개무량해 하고 있다. 그리고 지금도 많은 남학생들이 석굴암을 향해 가는 모습을 보고, 지난날 그 학생들의 아들들, 즉 후대가 그 푸른 꿈들을 또 이어받고 있구나 하고 격세지감을 노래하였다.
  수학여행을 통해서, 지난날 학생들의 추억과 푸른 꿈의 성장을 멋지게 표현해 낸 좋은 작품이다.

고향에서

백상봉

꽃구경 갔다 오듯 먼 거리가 아니었고
노을빛 구경하듯 긴 시간도 아니었다
좁은 땅 빙빙 돌다가 되돌아온 그곳에.

꽃들은 피고 지고 철새는 왔다 가고
기다린 그리움은 가을비에 풀이 죽어
오래된 그리움들만 술잔 속에 모인다.

뒤돌아 보는 길은 어제인 듯 다가서고
앞으로 나갈 길은 안개 속에 아득한데
마음은 몸을 버리고 어쩌자고 달리나.

> 평설

  '고향'이란 언제 들어도 즐거운 이름이다. 교통이 발달한 요즘에는 고향에서 느끼는 향수심이 예전과는 다르다. 교통 사정이 원만하지 못했던 예전에는 한 번 찾아가기도 어려웠으나 최근에는 도로와 교통 여건이 좋아져서 고향도 지척에 있는 듯하다. 그러나 복잡다단한 삶에 쫓기는 현대인들은 자주 방문하기도 어렵고, 또 찾아가 본들 예전의 향토적 정겨움이나 정든 얼굴들이 존재하지 않아서 허무함을 느끼고 돌아오기 일쑤다. 어쩌다가, 좁은 땅 빙빙 돌다가 그리워서 다시 예전의 그 자리에 와 보면 풀이 죽은 고향의 모습에 실망하여 오래된 그리움들만 뒤척이다가 술 한 잔에 위로받고 돌아올 뿐이다.

  여우는 죽을 때도 고향 쪽을 향해 머리를 돌리고 죽는다고 하여 '수구초심首丘初心'이란 말이 있다. 뒤돌아보면 추억이 어제인 듯 다가서고 현실은 늘 안개 속에 아득하지만, 그래도 늘 마음은 그 고향 쪽에 머무르고 있으니, 화자는 '마음은 몸을 버리고 어쩌자고 고향길로 자꾸 달려가느냐'라며 독백하고 있다. 고향에 대한 상투적인 그리움이나 향토적 소재들을 굳이 내세우지 않고도 정착하지 못하는 현대인의 고향 심리를 고백적으로 표현한 솜씨가 돋보이는 좋은 시조다.

적막한 봄

백수(정완영)

산골짝 외딴집에 복사꽃이 혼자 핀다
사람도 집 비우고 물소리도 골 비우고
구름도 제풀에 지쳐 오도 가도 못한다.

봄날이 하도 고와 복사꽃 눈 멀겠다
저러다 저 꽃 지면 산도 골도 몸져 눕고
꽃보다 어여쁜 적막을 누가 지고 갈 건가.

평설

　우리 주변에는 수많은 글감이 널려 있다. 그것은 시간과 공간의 이동에 따라서 시시각각 다양한 모습으로 시인에게 다가온다. 이렇게 다가오는 글감 중에서 하나의 소재를 골라잡아 그 생태와 성질, 모양, 의미 등의 특징적 면을 부각시켜 감성적으로 글을 쓰는 일은 작시법의 시작이라고 본다.
　이 글은 산골짝 적막한 봄빛 정경을 시각적으로 강도 높게 표현한 것이 특징이다. 이 글의 중심 시상은 '봄날의 고요와 적막'인데, 누구든지 이 글을 읽으면 복사꽃 핀 산골의 고요와 적막, 그리고 그 정중동의 시적 감성에 빠지게 된다. 작품 속에 등장하는 '산골짝 외딴집', '빈집' '복사꽃 눈멀다', '몸져눕다'. 등이 다 고요와 적막을 에워싸는 시어들이다.
　얼마나 봄날이 곱고 적막하기에 그 적막 앞에 구름도 오도 가도 못하고 정지해 있으며, 복사꽃까지 눈먼다고 표현했을까? 더구나 이 글의 말미에서 '복사꽃마저 지고 나면 그곳에 잔재한 아름다운 고요 적막을 그 누가 지고 갈 것인가'라고 강도 높은 서정적 감성을 표출하여 눈길을 끈다. 아름다운 봄빛 정경을 의인화시키면서, 정중동의 자연 섭리를 들어 인간의 감성을 자극해 보는, 심미안이 반짝반짝 빛나는 멋진 글이다.

단월십륙가 丹月十六歌 「춘흥」

변우택

단월에 봄볕 드니 고향인 듯 아늑하다
소리산 산골 냉풍 재를 넘어 불어오니
삼월도 춘래불사춘 사월에야 봄이로다.

한발 늦게 봄 들어도 춘흥은 한가지라
벌 나비 꽃을 찾고 산새들은 사랑 놀음
초목이 생기 얻으니 산천인들 잠을 자랴.

진달래 산벚나무 산비탈엔 만화방창
산들바람 불고 불어 먼 햇살 데려오니
두릅순 입맛 돋우며 송긋송긋 피어난다.

> **평설**

    이「단월십륙가」를 읊어보면, 이황李滉의「도산십이곡」, 이이李珥의「고산구곡가」, 정학유丁學游의「농가월령가」, 맹사성孟思誠의「강호사시가」등을 연상케 한다. 일찍이 퇴계 이황 선생은「도산십이곡陶山十二曲」에서, "이런들 엇더하료 뎌런들 엇다하료 / 초야우생草野愚生이 이러타 엇더하료 / 하물며 천석고황泉石膏肓을 고텨 므슴하료"라고 노래하였다. 벼슬에서 물러나 안분지족하며 자연으로 돌아가 무위자연의 경지에 머물고 싶어 하는 심경을 읊은 것이다.

    '춘흥'을 읊은 이 연시조에서도 소리산 재 넘어 단월의 봄 정경을 아주 잘 묘사해 내고 있어 큰 감동을 준다. 동원된 봄빛 시어, '벌 나비, 산새들 사랑 놀음, 진달래 산벚나무, 산들바람과 먼 햇살, 두릅순' 들도 시상의 연결이 자연스럽고 봄 정령의 옷을 입은 듯, 춘흥에 겨워 화자와 물아일체의 경지에 들어서 있다.

    혼탁한 시대, 퇴계 이황과 같이 천석고황泉石膏肓의 성정을 지닌 작가는 이러한 무릉도원의 경지에서 세상 시름을 잊고 안분지족安分知足하며 풍월주인의 도를 지켜나가고 있으니, 그 얼마나 문사로서 보람된 일이며, 보기에도 아름다운 일인가.

접시꽃

송가영(본명 송정자)

끝동 치마 슬몃 걷어 내비치는 부신 속살
누구를 기다리나 먼 하늘 우러르며
남몰래 궁 문을 여는 갓 스무 살 저 소녀.

올망졸망 돌담 너머 접시 몇 개 널어놓고
바깥세상 궁금한 듯 수줍게 올린 꽃대
지금은 볼 수가 없는 키꺽다리 내 언니야

평설

접시꽃이 한창이다. 꽃말은 '단순', '풍요', '다산'이며, 접시를 닮아서 접시꽃이다. 어디서 만나든지 그 꽃을 만나면 정감이 일어 발걸음을 멈추게 한다. 일찍이 신라 때 최치원崔致遠도 「촉규화蜀葵花」라 하여 접시꽃을 시로 지은 바가 있다. 그리고 도종환 시인도 사연 많은 「접시꽃 당신」을 내놓아 한층 더 세인들의 관심을 끌었던 바가 있다.

접시꽃은 주로 토담 밑이나 길가에 군락을 이루고 있으며, 꽃대가 곧고 키가 크며, 줄기나 잎에 비해 활짝 핀 넓은 꽃잎이 고고하고 기품이 있어서, 그 아름다움이 보는 이의 마음을 사로잡는다.

이 시조에서 접시꽃이 상징하고 있는 대상은 '끼 꺽다리 내 언니'이다. 화자는 마음속에 자리 잡고 있는 잊지 못할 언니에 대한 아름다운 연민의 정을 접시꽃에 감정이입하여 투사投射하였고, 그 언니에 대한 아름다운 잔상이 접시꽃의 우아한 꽃대처럼 우뚝 솟아 있어 큰 감동을 안겨 준다. 끝동치마 슬몃 걷어 먼 하늘 우러르며 남몰래 궁 문을 열던 수줍은 갓 스무 살 키꺽다리 언니! 그녀가 마냥 그리워 환생인 듯 접시꽃을 바라보는 화자의 시향詩香이 꽃향과 함께 곱게 피어올라 잔잔한 감동을 주는, 수준 높은 시조이다.

고달픈 삶

송귀영

철옹성 벽을 타고 시선을 당겨보면
서서히 뚜렷해진 여명속의 끄트머리
한 맺힌 애욕의 빙벽 어둠이 무너지네.

견뎌낸 시간들이 너무나 잔혹하여
사는 게 어설퍼서 아랫입술 깨어 물고
뒤돌아 웃어볼 인생 고독의 뼈를 깎네.

평설

 이 글에서 가장 감성의 인식이 뚜렷하게 다가오는 키워드는 '고독의 뼈'이다. 철옹성 벽으로 둘러싸인 세상은 차갑고 매정하다. 작가는 그 애욕의 빙벽 사이로 여명의 끄트머리를 바라보며 어둠의 그림자를 지우고, '웃어볼 인생'을 그리며 소망의 깃털을 세우고 있다. 세월은 잔혹하고 냉정하며 인생은 무척 힘겹다.
 그러나, 인생이 아무리 고달프다고 해도 우리네 인생의 운명은 누가 아닌 자기 혼자의 힘으로 개척해 나아가야 한다. 지금까지 견뎌낸 시간들이 너무나 잔혹하여 사는 것 자체가 어설프다고 해도, 또다시 아랫입술을 굳게 깨어 물고 두 주먹을 불끈 쥐고 웃어볼 인생을 그리며 고독의 뼈를 깎아내야 한다.
 작가는 이 글을 통하여 밝은 미래의 창조를 위해서는 분골쇄신 정신으로 뼈를 깎는 자기 연단의 필요성을 은근히 강조하고 있다. 고달픈 인생 자취와 삶의 의지를 알맞은 시어의 선택과 고도의 비유적 기법으로 조화롭게 잘 표현해 낸 송씨가 돋보이는 좋은 시조이다.

퇴직 여한

송수현

아이들 떠난 교정 까치 노래 요란하다
분필 인생 매듭짓고 홀가분히 뜨라는 듯
홀연히 미련 버리고 회초리도 놓으란다.

종소리 여향餘響에 취해 산 세월이 얼마던가
때로는 해가 되고 때로는 달이 되고
교정이 그리울 때면 기린 목이 되련다.

평설

이 글은 오랜 세월 교직에 봉직하다 교장 선생님으로 정년 퇴임을 한 교직자의 소회를 읊은 글이다. 스승의 마음은 학교를 떠나도 늘 그 교실과 교정에 머물러 있다. 학생들과 오랜 세월 동고동락한 정든 둥지를 떠나자니, 어찌 그 허전함이나 미련이 없을쏘냐.

다른 직종과는 달리 교직은 그 자리를 떠나도 왁자지껄한 목소리와 인상 깊었던 학생들의 모습이 한동안 눈앞에 아른거린다. 불가佛家에서는 부부간의 인연은 7천 겁, 부모와 자식 간의 인연은 8천 겁, 사제 간의 인연은 일만 겁이라 하니, 부부간보다 부모 인연보다 사제 간의 인연은 그 깊이가 가히 끝이 없다. 학교를 떠나고 오랜만에 들르게 된 교정엔 까치 소리도 요란한데, 반가운 건지 손님처럼 낯선 건지 그저 미련 없이 홀가분히 가볍게 떠나라는 메시지로만 들린다.

학생들에게 스승은 하늘 같은 존재다. 그러기에 때로는 달도 되고 해도 되었었다. 비록 교정을 떠났지만, 스승의 마음은 그래도 제자들이 그리워 기린 목처럼 고개 번쩍 들고, 수시로 멀리 교정을 바라보고 있다. 제자들을 사랑하고 참교육을 담당해 온 교직자로서의 참스승 상이 잘 드러난 감명 깊은 좋은 시조이다.

맞수
-청도 소싸움

신계전

사람만 있다더냐 드높은 자존심이
눈알을 포문처럼 껌뻑이며 조준하네
기필코 보여주리라 죽을힘을 다하네.

하늘도 붉게 켜고 지켜본 모래판에
땅덩이 꺼질세라 질주하는 한판 대결
죽어도 죽을 수 없는 살아있는 기백이다.

평설

　인간은 싸움 구경을 좋아하는 잔인한 존재인가? 격렬한 인간 격투激鬪와 투우鬪牛, 투계鬪鷄를 즐기며 내기도 한다. 서양 국가에서 투우鬪牛가 구경거리라면, 한국의 큰 구경거리는 청도 소싸움이다. 청도 소싸움 경기는 전통적인 큰 행사로서, 경북 청도에서 매년 3월경에 열리는데, 국내에서 열리는 소싸움 축제 중 가장 큰 규모를 자랑한다. 사실 거기는 인간에겐 큰 구경거리이나, 황소 투사들에겐 생生과 사死가 엇갈리는 한판 대결의 결선상이기에 피 터지는 현장이다.

　이중섭의 황소 그림을 연상케 하는 이 글은, 청도 소싸움의 상황을 아주 잘 그려내고 있어 강렬한 인상을 준다. 특히 맞수로 싸우는 황소들을 의인화 기법에 따라, 눈을 부릅뜨고 분기탱천憤氣撑天 대결하는 인간의 모습으로 환치, 묘사해 내어서 더 없는 실감을 자아낸다.

　자존심을 걸고 기氣 싸움으로부터 시작되는 힘 싸움은, 커다란 눈알을 껌뻑이며 죽을힘을 다해 질주하며 기세를 잡는다. 천지가 진동하고 땅이 꺼질 듯 불꽃 튀는 대결 모습이 눈앞에 전개되는 듯, 재치 있고 흥미롭게 잘 묘사된 솜씨가 일품이다.

낙엽

신승화

쌀쌀한 가을 햇살 창가에 내려앉고
바람의 우체부는 붉은 엽서 던진다
천국도 외롭다는 친구 빨리 오라 독촉장.

화려한 시절 가고 비바람에 매달려
이승에 살고 싶은 잎새는 떨고 있다
안쓰런 몸부림에도 떠나가는 멀고 먼 길.

평설

　이 글을 읽으면 속절없이 나이를 먹은 인생을 되돌아보게 된다. 사람의 일생을 춘하추동 사계절로 비교해 본다면, 나이 들어 쇠락해진 인간의 모습은 아름다운 단풍 시기 지난 가을 낙엽과 견줄 만하다. 그러기에 사람들은 쓸쓸한 노을빛 인생의 뒤안길을 허무하게 바람결에 떨어지는 낙엽에다 비유하고 있는 것이다. 사실, 우리네 인생살이는 청목 줄기에 단단히 매달려 푸르름을 드러내고 자랑하다가 종국에는 바람에 등 떠밀려 강여울에 떠내려가 버리는 일엽편주가 아니던가!
　이 글에서의 '낙엽'은 바람의 우체부가, 천국도 외롭다며 속히 오라고 전해주는 먼저 간 친구의 독촉장일 수도 있다. 그러나 대부분의 인생은 생존의 욕구가 강하여, 하루라도 더 이승에 살고 싶어 하며, 마지막 잎새처럼 매달려 아등바등 떨고 있지 않은가. 그러나, 어찌 우리네 인생이 욕심대로 마음먹은 대로, 오랫동안 매달려 있을 수 있단 말인가. 아무리 안쓰러운 몸부림을 쳐본다 해도 지엄한 하늘의 명령이 있으면 다 버리고 떠나가야 하는 것을…. 이 글은 이러한 인간의 삶의 욕구와 존재의식, 그리고 그 속절없는 무상감을 적절한 비유 기법으로 표현해 낸 솜씨가 돋보이는, 의미 깊은 좋은 시조이다.

넋두리

신여선(신용우)

깨진 것 모진 것을 끌어안고 십수 년을
인고의 가마솥에 굴려서 꺼내 보니
모양은 둥글어져서 실에 꿰니 그럭저럭.

지팡이 의지한 삶 족적마다 남긴 무늬
갈수록 내 모습이 낯설게만 느껴져서
겸손이 덕망德望이라고 인간 흉내 내 본다.

평설

'넋두리'는 나오는 대로 그대로 읊어댄다는 마음의 소리이다. 맘속의 상태를 그대로 드러내니 가식 없는 언표 행위이다. 이 글에서는 험난한 인생 역정 속에서 연단된 자신의 현실적 존재감을 '넋두리' 기법으로 실감 있게 잘 형상화시켜 놓아 큰 감동을 준다. 인고의 세월을 겪어내고 둥글둥글해진 자신의 모습, 그 둥글어진 자신의 연단된 삶의 고리들을 꿰어서 보니 그런대로 괜찮았지만, 겸양의 표현으로 "그럭저럭"이란다.

이제는 나이 들어 지팡이에 의지한 삶의 족적이 날마다 낯설게만 느껴지지만, 최고의 덕목인 '겸손'을 마음 바탕으로 하고, "인간 흉내 내 본다"라며 스스로 겸허히 표현하고 있으니, 더욱 진솔한 감동을 준다.

이 글의 작가는 일찍이 사랑하는 인생 반려자를 잃고 외로움 속에서 갖가지 고초를 다 겪어낸 인동초忍冬草와 같은 시인이다. 이 글은 그 피맺힌 인고의 세월 속에서 건져낸 깨달음의 시학이 새로운 자화상을 그리며, 푸른 하늘로 날아보려고 하는 황혼의 날갯짓이 아름답게 빛나는 인상적인 시조이다.

못 부친 하얀 편지

신용우

한밤중 침상 위에 하이얀 달그림자
사연 속 목련꽃이 소리 없이 피는 밤에
임에게 보내지 못할 글을 쓰고 지운다.

못다 쓴 편지 속에 정한情恨이 쌓인 추억
세월이 씻어내니 한바탕 고운 무늬
내 삶이 끝나는 날에 고이 접어 부치리라.

평설

　이 글을 읽으면, 1998년 안동의 한 무덤에서 412년 만에 출토·발견되어 화제가 되었던 조선시대 이응태의 부인 '원이 엄마의 애절한 사랑 편지'가 떠오른다. 그런데 이 글에서도 남편을 먼저 보낸 여인의 서글픈 그리움의 정서가 물결치듯 내내 가슴을 울리고 있다. 그러나 사실, 화자는 하늘에 있는 남편에게 이승에서 아무리 많은 편지를 쓴다 한들 하나도 부칠 수가 없으니, 한밤중 침상 위에 하이얀 달그림자만을 맞으며 목련꽃이 소리 없이 피는 밤, 그저 넋두리처럼 썼다가 지우고 또 썼다가 지우고 하는 한풀이로나 뱉어 볼 뿐이다.
　그러다가, 화자는 말미에서 소망의 끈을 잡아당기고 있다. 즉, 화자의 삶이 이승에서 끝나는 날, 고이 접어 저승으로 직접 부쳐 가져가겠다는 것이다. 이러한 여인의 애절한 '독백적 사부곡思夫曲'은 하늘에까지 이어지고 울려서 큰 감동을 자아내리라고 본다. 이와 같은 시상의 펼침은 남편을 향한 여인의 일편단심 사랑이 극진함을 보여주는 것으로서, 오늘날 부부의 연을 가벼이 여기는 많은 이들에게 자성의 계기를 부여해 주는 좋은 시조이다.

한산초 韓山抄

신웅순

A
한산의 하늘에는 눈물이 섞여 있어
바람 불면 독한 농약 들녘에다 뿌려놓고
밤 내내 강물은 흘러 하굿둑서 신음한다.
B
오늘따라 유난히도 깊이 우는 귀뚜라미
타향 하늘 비친 눈물 부슬비는 뿌리는가
감나무 떨친 잎 하나 앙가슴을 긋는다.
C
바람 불면 쓰린 속을 잡풀로만 달래는데
강물은 콜록대며 들녘으로 수혈하고
웃자라 흔들리는 갈 달빛으로 울고 있다.

평설

윗글에는 작가의 고향 마을에 대한 애향심이 곡진한 감성적 표현으로 도드라져 있다. 한산모시의 고향 숨소리를 그대로 듣고 삶의 애환도 그대로 비춰주고 있기에 '한산의 하늘'이라 명명된 고향 마을…. 험난한 역사의 독한 바람결을 타고 신음하는 고향 마을이 지금은 처연한 모습으로 눈물 어린 시상으로 전개되어 있다.

애정愛情과 애련哀憐은 진정한 사랑의 큰 물줄기 안에 있다. 그것은 측은지심惻隱之心에서 우러나오며 어진 마음仁이 그 샘이고 종종 눈물을 동반한다.

고향 마을에 대한 애착심은 글 A에서는 오염에 신음하는 슬픈 강물로, 글 B에서는 '유난히도 깊이 우는 귀뚜라미'로, 글 C에서는 '달빛에 울고 있는, 웃자라 흔들리는 갈(갈대)'로 비유되었다. 너무나 고향마을에 대한 애착심이 도드라져서 오히려 눈물로 슬픔으로, 애틋한 모습으로 다가오는 고향 산천, 작가는 그러한 시심을 고도의 비유 기법과 감정이입 수법으로 곡진하게 표출해 내면서 한껏 문학적 가치를 높여주고 있다. 귀소본능과 인간성 회복의 길까지 은연중에 제시해 주고 있어서 큰 감동을 주는 좋은 작품이다.

생선구이

안승남

교만의 꼬리 썰고 황금비늘 벗겨 내어
밀가루 분 바르고 기름옷을 덧입히니
소망의 불꽃 지짐으로 차려놓은 저녁상.

노릇한 구이 냄새 코끝을 간질이고
날 선 가시 발라내어 밥술에 얹어주니
지아비 웃음소리에 막걸릿잔 터지네.

평설

　시조는 다른 장르의 글들과는 달리 표현이 압축적이고 형식에도 운율미가 있기에 특별히 맛과 멋이 강조되는 장르이다. 음식이 맛깔나야 하듯이 글도 맛깔 나는 글이라야 읽을 맛이 난다.
　그런데, 맛과 멋을 강조하려면 감각적 이미지의 표현 기법이 필수적이다. 이 글은 읽을 맛이 나는 맛깔 나는 시조이다. 이 글은 생선구이를 하는 화자의 요리 행위를 통하여, 시각, 후각, 촉각, 청각적 이미지가 한데 어우러져 생생한 현장감이 있어서 실감실정의 정서를 느끼게 한다. 교만한 맘을 버리고 금전 만능주의를 꼬집는 말을 '교만의 꼬리 썰고 황금비늘 벗겨 내어'라고 비유한 것이라든지, 정성 들인 생선구이를 '소망의 불꽃 지짐'으로 표현한 것 등은 수준 높은 암유적 표현이며, 아내의 정성으로 인해 '지아비 웃음소리에 막걸릿잔 터진다'라는 표현도 화기애애한 분위기를 고도의 환유적 기법으로 멋지게 표현해 낸 절창이다.
　이 시조는 신선한 감각과 비유의 기법으로 소박하고 진실한 아낙의 거안제미擧案齊眉 정성을 아주 효과적으로 표현해 낸 좋은 작품이다.

메릴린 먼로 장미

안태영

장미는 가장 깊은 봄날의 막장이다
곡괭이 휘둘러서 사랑을 캐던 바람
로드힙 가린 열망을 갱도에서 파낸다.

꽃잎은 빛을 모아 치마를 부풀린다
누구도 풀 수 없는 크림빛 질긴 약속
씨앗을 땅에 떨구면 눈에 띄지 않는다.

운명도 봄이 되면 꽃잎이 되는 것을
바람이 불 때마다 온몸이 부끄럽다
한 생애 수정하려고 모든 것을 버린다.

평설

   이 글은 장미의 속성과 한때를 풍미했던 명배우 메릴린 먼로의 짧았던 일생을 떠올리게 한다. 시상의 전개도 장미의 화려함에 따른 일반적 통념의 진술에서 벗어나 무대 뒤에서 펼쳐지고 있는 인간 고뇌와 부끄러움의 실체를 반어적 기법으로 그려내어 그 독특함이 눈길을 끈다. 인생은 연극이 아니고 운명의 실전이다. 장미꽃같이 화려했던 메릴린 먼로의 날갯짓도 연극을 한 게 아니고, 막장 갱도 안에서 열망을 캐내며 운명을 개척하며 살아남기 위한 처절한 몸부림이었다.
   짊어진 삶의 고뇌와 헝클어진 욕망의 끈은 자기만이 풀어낼 수 있다. 주어진 운명은 봄이 되면 꽃잎이 되기도 하지만, 빛을 머금은 화려한 치마는 바람이 불면 들어 올려진다. 그러기에 바람이 불 때마다 부끄러운 자아의 실체를 감지하게 된다.
   이 글은 화려한 장미를 소재로 하였지만, 인생을 들여다보는 개성적 안목과 통찰력이 독특하고 의미심장하여 독자들에게 인생 성찰의 기회를 부여해 준다.

고드름 애정사愛情史

안해나

찬바람 가슴 후빈 함박눈 설친 그날
쓴 커피 한 잔에도 등을 톡톡 토닥인다
따뜻한 아랫목 되어 녹여주던 그 훈기가.

조건 없는 사랑 타며, 어둠을 불사르며
난생처음 나눠 보는 붉디붉은 애정사에
말없이 건넨 미소가 엄동마저 녹여낸다.

남겨둔 지난 흔적 이렇게 클 줄이야
지붕 위 녹는 눈에 비로소 눈을 뜨고
아 오늘 고드름으로 뚝뚝 눈물 흘리네 .

평설

　이 글을 읽으면 엄동설한 강추위에 꽁꽁 얼어붙은 가슴이 그 훈훈함으로 스르르 녹아내린다. 예기禮記에 '온유돈후 시교야溫柔敦厚 詩敎也'라는 말이 있는데, 이 글도 시상의 전개가 온유하고 도타워 읽는 이로 하여금 큰 감동을 준다. 시인의 가슴은 정이 넘쳐 낙목한천에도 훈훈하다. 부드럽고 성겨운 시인의 심경이 세상잡사 혼돈의 경지에서 발돋움하여 고고한 사랑 체험자의 반열에 올라서 있음을 감지할 수가 있다. 지난 찬 세월 겪어냈던 잊지 못할 애정사! 쓴 커피 한잔에도 훈훈한 정겨움이, 어둠 불사르며 조건 없이 다가오던 사랑의 미소, 그것을 떠올리면 엄동설한도 녹아내리며 시인의 감성은 사랑의 본향에서 또다시 맴돈다. 인생이 어찌 지성으로만, 정죄함으로만 스스로 올라갈 수가 있단 말인가. 이렇게 가슴을 녹여주는 도탑고 아름다운 감동의 시적 세계가 따로 마련돼 있는 것을….

　감동의 눈물은 카타르시스다. '아 오늘, 고드름으로 뚝뚝 떨어져 내리는 눈물', 그 눈물은 엄동설한 꽁꽁 얼어붙은 가슴이 녹아내리는 사랑의 꽃물이리라.

소나무

양혜순

네가 좋아 등 기대면 맑은 바람 너의 향기
푸른 맘 놓인 자리 내가 품을 그 자리다
핏줄 속 흐르는 뜻이 푸르고도 드높아라.

솔향 넘친 너의 몸 세월인 양 묻어나면
어린 날 밝혀주던 그 옛날의 이야기로
내 인생 이정표 되는 너를 내가 닮아가리.

평설

소나무는 언제 보아도 늘 푸르고 정감이 가는 이 땅의 상록수다. 나무껍질은 거북 등을 닮아 오랜 세월 버티고 견디어낸 인고와 장수 기질을 떠올리게도 한다. 세한삼우歲寒三友의 으뜸이 소나무이며, 추사秋史의 세한도歲寒圖에도 소나무가 나오고 논어에는 '날씨가 차가워진 후에야 송백松栢이 시들지 않음을 안다(歲寒然後 知松栢之後凋)'라고 하였다. 이 글의 작가는 아마도 이러한 지조 불변의 덕과 생명력, 그리고 향토적 정감을 좋아하여 아호도 '솔샘'이라 하였을 게다.

이 시조의 전반부에서는 바람결에 묻어오는 소나무의 솔향을 흠향하면서 그 푸르고 드높은 기상을 예찬하였고, 후반부에서는 어린 날의 소나무 추억을 떠올리면서 그것을 이정표로 삼아 그 성정을 닮은 인생을 살리라는 소망을 읊어내고 있다.

시의 생명력은 체험에서 우러나온 진솔함과 깨달음의 미학에서 비롯된다. 이 글은 추억 속의 정든 소나무를 그려 내면서, 거기서 이어받은 인고와 불변의 덕을 닮아가고자 하는 화자의 소박한 소망이 미적으로 잘 승화되어 나타난 좋은 시조이다.

이은방 시백님을 기리며

염을용

일생을 아끼시던 손때 묻은 그 저서들
책갈피 시문들은 농익어 향내 나고
후학을 이끌어 보듬던 그 자취만 남았네.

어느 날 바람 타고 유성처럼 가신 그 임
천상의 꽃밭에도 시조나무 심으시고
주야로 시조의 문 열고 창작하고 계실까.

평설

이은방 시백님은 시조단의 거목이시었다. 급작스러운 병고로 작고하시었지만, 시조시인협회의 회장으로 재직 시 필자가 사무총장을 맡아 보필을 해드렸던 추억도 생생하다.

이 글은 특정 인물에 대하여 그 자취와 업적을 찬미적으로 표현해 낸, 인물 찬양 시조의 성격을 지녔다. 이 글에 나타난 대상 인물에 대한 훌륭한 족적의 찬미 내용은, 인품의 향기가 넘치는 시편들, 그리고 후학을 보듬어 이끌어 온 애정과 시조 문학의 보급에 앞장섰던 열성 등이다. 일찍이 宋나라 때 소동파는 '생전부귀生前富貴 사후문장死後文章'이라고 하여, 죽어서 아름다운 글향을 남기기 위해 값진 인생을 살아갈 것을 피력한 바 있다. 필자도 강론 시에 '시인은 죽을 준비를 잘하는 사람'이라고 강조한 바 있다.

작고시인은 어느 날 갑자기 이승을 작별하여 문단에 큰 충격을 주었는데, 고인은 오로지 시조 문학을 위하여 일생을 바치신 남다른 시조 대가이셨기에 더욱 안타까움을 더하였다. 그러기에 화자는 '천상의 꽃밭에서도 시조 나무 심으시고 주야로 시조 창작에 전념하고 있으리라'라고 읊조리니, 이 글은 평범한 듯하지만, 인생의 보람과 족적을 되새겨보게 하는 의미 깊은 좋은 시조다.

미완의 여백

우성훈

눈시울 시리도록 고이는 사무침이
가슴을 검게 태워 흔적만 남겨놓고
무시로 망각을 깨워 피안을 넘나든다.

하얗게 밤을 잊은 고뇌의 시간들이
허공을 맴돌다가 기약 없이 스러져도
아직도 전하지 못한 묻혀진 묵언默言인가.

평설

  인간은 소망의 동물이지만, 지극히 불완전한 존재다. 아무리 완전한 삶을 살아가려 해도 인간은 원래 미약하거니와, 또 현실이 그리 호락호락 들어주지도 않는다.
  이 글을 읽으면 얼핏 사무엘 베케트의 『고도를 기다리며』가 떠오른다. 고도가 누구인지, 언제 올지도 모르면서 끊임없이 기다리는 미완의 노력이 혹여 아주 의미 없고 미련한 듯이 보이나, 오히려 인간의 존재가치를 확인하려는 내면 심리가 짙게 드러난 부조리극이다. 이 글에서도 긴긴 세월 이루지 못한 소망은 사무침으로 굳어 가슴을 검게 태우고, 수시로 망각을 깨워 피안의 세계로 넘나들고 있다.
  동경과 이상의 세계를 향한 인간의 몸부림과 날갯짓은 그침이 없다. 허공을 맴돌다가 기약 없이 스러진 모습은 어쩜 암울한 현실 속에서 날다가 지쳐 하늘 보며 쉬고 있는 화자 자신의 자화상일 게다. 그러기에 화자는 스스로의 여백을 돌아보며 아직도 전하지 못한 묵시록을 꺼내 들고 있는 것이다. 현실 속에서 표류하는 존재 의식과 자아 성찰 의식이, 내밀한 사유의 세계로 잘 형상화된 좋은 작품이다.

일출 日出

우형숙

만월이 소리 없이 토해낸 이슬 밟고
풀벌레 졸고 있는 새벽길 헤쳐간다
숨 가쁜 달팽이 걸음 축복으로 달래며.

산골짝 바람 소리 온몸을 감는 순간
검붉게 하늘 뚫고 도도히 솟는 얼굴
천지간 손가락 걸고 복된 나날 맡긴다.

쿵덕쿵 가슴 달래 화살기도 날리면서
간절한 긍정의 힘, 온 세포 힘을 모아
겹겹산 인연의 굴레 저 혼불에 기댄다.

평설

    일출은 어둠의 장막을 걷어내는 장엄한 서광이요, 황홀한 창업의 서곡이다.

    인생은 고해라고 하였듯이, 인간의 일상이란 늘 세상 잡사에 쫓기고 음울함의 그 늘막에서 방황하기 때문에 인간은 은연중에 늘 맑고 밝은 소망의 순간을 기다리게 된다. 그러기에 사람들은 일출의 장엄한 광경을 가슴에 새겨두려고 해 뜨는 동녘으로 이른 새벽부터 달려가곤 한다. 특히, 새해 새 아침에 떠오르는 일출은 더욱더 감격적이고 기대감에 부풀게 한다.

    이 글은 이러한 해맞이의 광경을 멋진 시조 가락으로 읊어내고 있다. 기대감에 부풀어서 동녘으로 이른 새벽이슬 밟고 달려가는 화자의 상황 심리와 산골짝 바람 소리가 온몸을 감는 순간 검붉게 하늘 뚫고 도도히 솟아오른 해를 바라보며 물아일체가 되어 소원을 빌어보는 화자의 기원 모습이 생생하게 묘사되어 있다.

    이 글은 단순한 일출의 모습을 그려 낸 것이 아니라, 그 장엄한 광경 속에서 간절한 긍정의 힘으로 버거운 삶의 무게를 아름다운 인연으로 승화시키고자 하는 기다림의 소망 미학이 반짝반짝 빛나고 있어 큰 감동을 준다.

너의 진심

원수연

그 누가 너를 보고 반겨주지 않더라도
한 발 더 다가서서 손을 덥석 잡아보렴
그리고 어리석지만 씩 하고 웃어봐라.

싫다고 물러나며 외면을 하더라도
비굴하다 생각 말고 친구하자 졸라대라
그래도 아니 되거든 엉엉 슬피 울어보렴.

　사람과 사람 사이에는 겉으로 안 보이는 길이 있다. 상대방과 화친을 맺는 방법에는 여러 가지가 있겠으나, 가장 손쉬운 방법은 손을 잡아 주는 것이다. 그러면 이심전심以心傳心 교감의 가교가 놓여져 내 따뜻한 마음이 전달된다. 거기에다가 미소라는 선물까지 얹어주면 금상첨화錦上添花다. 이 글에서 작가는 싫다고 외면하더라도 비굴하다 생각 말고 졸라대라 하고, 그래도 안 되거든 엉엉 울기라고 해보라 한다.
　고려가요 「가시리」나 소월의 「진달래꽃」과 같이 한국인의 전통적 서정은 '애이불비哀而不悲'인데, 이 글에선 '감추는 미덕'에서 자존심을 없애고 '다가서기'로의 전환을 시도하고 있는 것이다. 자존심이 가시처럼 불쑥불쑥 돋아나오는 이들에게는 어림도 없는 소리다. 그러나 옛말에 '대성大聖은 대우大愚다'라고 했는데, 요즘같이 복잡한 세상에 맘대로 잘 안되면 투정도 부려보고 일부러 바보인 척, 실컷 울어라도 보면 좀 후련할 것 같다. '한풀이의 미학'으로 카타르시스를 이끌어 내려는 작가의 현대적 감각이 돋보이는 글이다.

춘설春雪

월호(변우택)

밤 자고 일어나니 춘설이 조팝인 양
사방에 소리 없이 나무마다 맺혀 있다
반기며 창문을 여니 온 산천이 순결이다.

눈이야 언제와도 애인처럼 반갑지만
춘설이 질척여도 사랑보다 애틋함은
아마도 동풍에 곧 녹는 허전 때문 아니랴.

평설

이 시조는 '춘설春雪'에 대한 미적 감각과 그 의미를 잘 표현한 글이다. 어떤 해에는 새봄이 왔어도 동장군이 물러가지 않고 버티고 서서 눈발을 마구 쏘아대며 대지를 점령하고 있는 수가 많다. 늦게 오는 꽃샘추위야 어서 빨리 가버리기를 고대할지 모르나, 늦둥이 춘설春雪의 갑작스러운 방문은 순결의 환희를 새롭게 다시 가져오는 서설瑞雪이기에 뭇사람들의 마음도 모두 환호작약歡呼雀躍이다. 이럴 때 나뭇가지마다 맺혀 있는 춘설을 이 글의 작가는 산천에 아름답게 피어난 '조팝' 같다고 하면서 온 세상이 다 순결이라고 찬미하였다.

봄이 되면 마음속에 있던 춘흥이 은근히 일어나 누구든지 설레는 심정이 있다. 그러나 마음속에 미련으로 남아 있던 그리운 임에 대한 잔상은 이따금 춘설처럼 나타났다간 또 이내 곧 사라지고 만다. 이 글에서 춘설에 대한 사유의 깊이를 알 수 있는 부분은 둘째 수인데, 춘설로 인해 대지가 질척여도 곧 가버리는 허전 때문에 오히려 사랑보다 애틋하다 하면서 설의적 기법으로 끝맺음을 하니, 그 역설적 시상의 전개가 시적인 매력을 한껏 느끼게 한다. 춘설春雪과 춘정春情을 멋지게 교합하여 춘설의 의미를 미적으로 승화시킨 시인의 기교가 돋보이는 좋은 시조다.

꽃
-복사꽃 핀 봄날에

유권재

그 어느 망연한 봄날 우연히 마주친 너
네가 내게 꽃이 되듯 나도 네게 꽃이 될까
어쩌면 우리는 서로 헛것일지도 몰라.

아무튼 이 순간은 네 고운 살결에 취해
잘 꾸민 꽃가마 타고 넘실넘실 청산 가듯
난 그만 산 넘어가는 꽃바람이 되려네.

평설

'꽃'이라는 소재는 우리 인생을 아름답게 미화시켜 주는 상징어이다. 용모도 중요하겠지만 특별히 아름다운 마음씨의 향기가 풍겨 나오는 인품 앞에서 시인들은 그런 이를 '꽃'이라고 찬미하며 새로운 의미를 부여해 준다. 봄은 잠들어 있던 가슴마다 따뜻한 사랑의 봄바람을 불러일으킨다. 배경은 주제를 뒷받침해 주는데, 이 글에서도 '복사꽃'은 농염한 봄빛 사랑을 상징하리라. 그러나 사랑은 너와 내가 함께 꽃이 되는 것, 회자는 어느 봄날 우연히 마주친 '마음속 그리운 임'을 '꽃'이라고 인식하며 반가움에 설레고 있지만, 상대방도 과연 자기에게 '꽃'이라고 인식하고 있을까 하는 자괴감에 스스로를 부인해 보기도 한다. 그래서 앞 수의 종장에서 '어쩌면 우리는 서로 헛것일지도 몰라' 하면서 혼자만의 헛된 공상이라고 체념하려 하고 있다.

하지만, 진한 그리움은 미련을 낳고, 미련은 또 다른 새로운 바람을 불러일으키는 법, 그래서 후반부에선 '아무튼'을 내세워 앞 수의 '헛것'이라는 부정 인식을 깨고, '네 고운 살결에 취해 꽃가마 타고 넘실넘실 청산 가듯 산 넘어가는 꽃바람이 되겠다' 하니, 그 꽃다운 사랑의 희구와 그에 따른 분방한 낭만성이 매우 큰 감동을 준다.

이 글은 아름다운 사랑 감성을 고도의 심리적 비유와 상상력을 통해서 아주 인상 깊게 표현해 낸 솜씨가 돋보이는 훌륭한 시조이다.

족쇄

유귀덕

휴대폰 저장 공간 확인하라 문자 떴다
무엇이 쌓였는지 눈길 한번 주지 않고
툭하면 애플 깔라고 제멋대로 명령하네.

내 손 안의 작은 요물 쥐락펴락 조이는데
상노예가 따로 없네 죽비처럼 따가웁네
그립다 해방의 날이여, 족쇄 풀린 그날이여.

평설

　글감을 선택하는 데는 실제로 체험한 것을 택하는 게 좋다. 사랑 한번 안 해본 사람이 어찌 사랑 시를 쓸 수 있단 말인가? 체험을 통해서 터득된 감성은 깨달음의 철학이 형성되어 쓸거리가 많다. 휴대폰은 현대인들에게 없어서는 안 될 필수불가결한 것이다. 그러나 그 필수불가결한 것이 우리의 일상을 구속한다면 그 또한 문제다. 편리를 추구하는 현대인들은 땔감을 가스로 대체하는 거와 같이 편리할수록 큰 위험도를 겪고 있다. 그중에 주변에 제일 우리를 구속하는 것이 바로 휴대폰이리라.
　인간이 만든 휴대폰은 소통에 매우 편리하지만, 우리를 명령하며 일상을 구속하는 손안의 요물이다. 그러니 때로는 이 요물의 손아귀에서 해방되고 싶은 것이다.
　이 글의 화자는 이러한 상황을 절실히 통감하고 해방의 그 날을 고대하고 있다. 사실 휴대폰이 없었던 시절엔 없으면 없는 대로 살았는데, 이젠 그 족쇄 때문에 상노예가 되었으니 서글프기 짝이 없다. 누구든지 다 알고 있지만, 그것을 먼저 적합한 글로 나타내는 일은 작가만의 특성이다. 평범 속에 진실을 발견해 내면서 현대인의 고뇌를 잘 표현해 낸 솜씨가 범상치 않은 좋은 글이다,

눈 내리는 밤

유기충

씽씽 우는 전봇대 신작로 갓길 따라
곱은 손 호호 불며 고향 집 들어서니
빛바랜 책갈피 속에 고이 접힌 파란 꿈.

아늑한 하늘가에 눈발은 흩날리고
망각도 치유라며 둘러앉은 화롯가
고구마 익는 내음에 함께 타는 그리움.

평설

　고향의 시골집 풍경은 언제 떠올려도 늘 정겹다. 젊은이들은 출세하려고 도심으로 나가는 일이 다반사지만, 누구든 도심에 있어도 마음만은 늘 포근한 고향으로 돌아간다. 그러기에 여우도 죽을 때엔 고향 쪽으로 머리를 돌린다고 하여, '수구초심首丘初心'이라 하지 않았던가?

　여름은 여름대로, 겨울은 겨울대로 고향 집에 대한 그리움의 정서는 다 정겹고 포근하다. 특히 동빙한설凍氷寒雪 겨울철, 동구 밖에서 고향 집으로 들어가는 눈발 속의 고향 논둑길과 정담 나누는 질 화롯가의 정경은 시인들의 마음을 사로잡는다.

　이 시조에서는 이러한 설경 속의 향수鄕愁 어린 시심을 아주 실감 있게 잘 묘사하였다. 고향 집에 와 보니 빛바랜 책갈피 속에 한때의 젊은 꿈이 그대로 담겨져 있고, 질 화롯가에 둘러앉아 고구마를 구워 먹으니, 다시금 예전 그 시절로 돌아간 듯 고구마 익는 내음에 그리움도 함께 타들어 간단다. 참으로 무척 정겹고 감성적인 표현이다.

　이 글을 읽으면 그리운 시골 고향 집이 선명히 떠오른다. 늘 그리워하며 돌아가고 싶은 마음속의 본향, 그리고 따뜻한 인정을 그리워하는 서정적 자아의 감성 표현이 돋보이는 좋은 시조이다.

엇노리
-북망北邙

유준호

어머님 아롱아롱 눈물 밟힌 먼먼 길을
흰 옷깃 여미어 걸어가신 북망 천 리
맨발에 베옷 걸치고 추워서 어이 하리.

그 흔한 옥양목을 한두 마쯤 끊어다가
덧버선 몇 켤레쯤 마련해 드릴 것을
어머님 가시는 길목 스산해 어이 하리.

평설

'엇노리'란 어머니에 대하여 효도를 다 하지 못한 자식이 어머니를 그리워하며 참회하는 마음으로 불렀던 고려가요 '사모곡思母曲'의 다른 명칭이다. 어머니의 사랑은 세상의 일반적인 사랑을 뛰어넘는 가장 자애롭고 뜨겁고 헌신적이다. 그러기에 누구든지 어머니 앞에서는 눈물로 진실해지며 어린아이처럼 순수해진다.

이 글은 이러한 어머니의 사랑에 대하여, 생전에 효도를 다 하지 못한 자식의 풍수지탄風樹之嘆을 노래한 것이다. 머나먼 저승길 '북망 천 리'로 떠나신 어머니께 옷 한 벌 제대로 해드리지 못한 자식의 안타까운 마음이 절절히 흐른다. '자욕양이 친부대子欲養而 親不待'라 했는데, 살아생전에 효도를 다 하지 못하면 철천의 한이 되니, 맨발에 베옷 걸치고 추위에 떨며 머나먼 북망길로 가셨을 어머니를 생각하는 자식의 마음은 천 갈래, 만 갈래다. '옥양목 한두 마쯤이라도 끊어다가 덧버선이라도 해드릴 것을'하고 후회하는 마음이 "~어이 하리"라는 한탄 조 속에 독자의 가슴을 치는 효심 어린 좋은 시조다.

천사의 동영상

윤석훈

큰딸이 보내준 화면 속 손주 모습
뒤집기 성공하고 보조개로 웃어주면
조롱박 나뭇잎 띄워 목마름을 적셔준다.

엄마랑 눈 마주치면 할 말도 많은데
인형에게 옹알이 대꾸 없자 화를 낸다
종달새 화면 밖으로 솜털 구름 몰고 온다.

평설

이 글을 대하면 사랑하는 손주들의 재롱떠는 모습을 보고서 기뻐 응시하는 할아비, 할머니의 마음을 읽을 수 있다. 아기의 울음소리를 듣기 어려운 요즘 세상에, 글에서나마 가뭄에 샘물같이 아기 천사를 만나니 한껏 해맑고 정갈한 느낌을 준다. 천사같이 티 없는 갓난아기가 어느덧 뒤집기하고 보조개로 웃어주면 그보다 더 귀여운 모습이 또 어디 있겠는가? 때론 마음에 안 들면 종알거리며 투정도 부리겠지만, 그 천사 같은 아기의 모습은 어른 사이에선 찾아볼 수 없는 순수함의 극치이니, 어찌 극악무도한 심성이라 해도 그 앞에서 선하게 녹아들지 않겠는가?

이 글의 화자는 동영상을 보면서 말미에 '종달새 화면 밖으로 솜털 구름 몰고 온다'라고 하며, 동심의 세계를 하늘과 이어 놓았다. 이러한 시상은 '동심은 천심이요 천심은 천사이다'라는 주제성을 부각시키면서 소망의 무지개를 바라보는 멋진 작시 기법이라고 할 수 있다. 현학적이거나 과장된 꾸밈이 없이, 매우 순수하고 해맑은 인상을 풍겨주는 감명 깊은 시조이다.

바람의 열풍과 온풍

윤주동

1. 아파트의 꿈
낮처럼 밝은 달이 머리 위 스쳐 가면
괜스레 설레는 맘 밤잠도 설치는데
아파트 값 올리려면 용꿈까지 꿔야지.

2. 풍차風車
바람길 찾아 나서 기다림 배우다가
그리운 마음 안고 어지럽게 돌아간다
세월도 우리 인생도 빙글빙글 돌며 가네.

평설

글 ①은 휘영청 달 밝은 밤, 용구름 밑에 황금처럼 번쩍거리는 아파트의 들뜬 야경 모습을 그려 낸 시조이다. 물질주의와 이기주의에 빠진 현대인들은 아파트를 주거 개념보다는 축재와 투기의 대상으로 삼고 있다. 이러한 풍조는 옛 선비들의 청렴사상과는 동떨어진 것으로서, 안분지족安分知足을 처세 철학으로 삼았던 선비들에겐 부끄러운 일이다. 부동산 투기의 열풍은 너무 뜨겁다. 이렇게 뜨거운 바람이 세차게 불어대니 서민들은 애가 타 죽어가고, 가진 자들은 밝은 달을 여의주로 보고 집값 올리는 용꿈을 꾸면서 더 열풍이 불도록 부채질 하고 있는 것이다.

글 ②는 풍차를 보고 연속되는 세월 속에서 하염없이 빙글빙글 돌아가는 인생을 노래한 시조이다. 이 글에서의 바람은 '그리움'이라는 원동력을 바탕으로 하고 있다. 어지럽지만, 꿈을 향하여 멈추지 않고 쉼 없이 돌아가며 온풍을 내뿜는 풍차의 모습, 이런 것이 무의미한 듯 미련한 듯하지만, 그래도 소박한 소망을 안고 살아가는 서민들의 행복스러운 일상이 아닐까? 작가는 글 1에서의 '열풍'과 글 2에서의 '온풍'을 대비적으로 비추어 주면서, 인생을 살아가는 올바른 바람 철학의 교훈을 은근히 제시해 주고 있다.

노가리 호프 골목

윤희육

잠자던 인쇄 골목 새 꿈 타고 훨훨 난다
차도가 밤이 되면 호프 거리로 변장하니
저녁 길 목마른 사슴들 생수 찾아 몰려든다.

시원한 생맥주에 노가리 안주 삼아
가슴 속 응어리들 빈 하늘에 걸어놓고
때 묻은 세월의 흔적 씻어내고 돌아간다.

평설

윗글에서 '노가리 호프 골목'은 서울 을지로 인쇄골목을 가리킨다. 코로나가 극성을 부려서 소위 '집콕' 민초들이 많지만, 오랜 속박에 지치고 방역에 만성이 된 사람들은 몰래몰래 거리로 쏟아져 나온다. 서울의 뒷골목 밤 풍경은 불야성을 이룬다. 특히 서울 도심지 인쇄 골목에는 야행성이 있는지 낮에는 잠잠하다가 밤만 되면 여기저기 펼쳐진 의자에는 청춘남녀가 목마른 사슴 같이 찾아와 자리 잡고, 길바닥은 순식간에 주점으로 변한다.

고려의 대문호 이규보는 "술이 없는 날을 가뭄, 술이 온 날을 단비"라고 표현하였다. 술 문화야 예나 지금이나 다 마찬가지려니와, 어찌 꼬부라진 세월 술 한 잔 한다고 벗님네를 탓하랴. 코로나에 시달리고 일상에 지친 요즘 서민들의 가슴이야 얼마나 메말라 있었는지 시원한 생맥주에 노가리 한쪽 안주 삼아 들이키면 가슴에 맺혔던 억하심정이 다 씻겨나가니, 이 또한 현대인의 돈오수행頓悟修行이 아니겠는가?

이 글은 도심지 뒷골목의 노가리 호프 풍경을 묘사하여 현대인의 억눌린 심정과 해방감을 효과적인 시적 풍류로 나타낸 멋진 시조이다.

매화梅花

이강(한익환)

돌 틈새 언덕배기 꽃시 한 수 걸쳤구나.
홍랑洪娘의 눈빛인가 매창梅窓의 미소인가
엄동을 이겨낸 사랑 마디마디 사연일세.

내뿜는 향기 취해 빼앗겼던 이내 마음
백두옹白頭翁 흰 머리에 선녀 손길 스쳐 간 듯
등 굽은 늙은 나무에 노익장의 꽃이 피네.

평설

    이 글은 사군자의 필두인 매화를 소재로 노익장의 젊은 꿈을 노래한 것이다. 언덕배기를 산책하다가 우연히 매화를 발견하고 지조의 상징인 홍랑洪娘과 매창梅窓을 떠올리며, 그 향기에 취해보는 서정적 자아의 시상이 매우 푸르르고 신선감을 더해 준다. 시인이 일반인과 다른 것은 정서적 분위기와 만났을 때의 서정성의 표출이다.
    시인은 시인만의 독특한 안목으로 대상에 의미를 부여해 준다. 매화꽃을 홍랑이나 매창으로 보고 그들과 대화하면서 그들의 아름다운 향기에 홀딱 빠지게 되니, 어찌 회춘의 천기가 돌아오지 않으랴! 이 글에서는 '백두옹 흰 머리에 선녀 손길' 스쳐 가니, '등 굽은 늙은 나무에도 노익장의 꽃이 핀다'라고 하였다. 참으로 아름다운 회춘곡回春曲이 아닐 수 없다. 일찍이 매월당梅月堂 김시습이 5세 때 늙은 재상 허조許稠를 보고 "노목개화심불로老木開花心不老"라 하여 신동으로 주변을 놀라게 하였는데, 이 글을 읽으면 움츠러든 시류에 노익장의 생생함이 새싹으로 돋아 나와 매우 젊고 신선한 이미지를 제공해 준다.

호박꽃을 그리며

이광녕

슬픈 날 독침 피해 여기저기 기웃대다
호박꽃 그 속으로 향기 따라 들어가니
별과 달 천둥소리에 어릴 때의 나도 있네.

또르르 빗물 모아 공 굴리듯 호호 불며
가슴이 넓은 이름 벌꿀 나비 절로 찾는
호박꽃 빼닮은 사람 그런 사람 그립다.

평설

호박꽃은 꽃잎이 넓고 향기가 짙으며 소박한 향토성에 그윽한 멋이 있다. 벌꿀 나비는 그 깊고도 그윽한 품 안에 자주 드나들고, 팔을 널리 뻗은 듯 펼쳐져 있는 호박 잎은 쌈으로, 그리고 호박 열매는 입맛 당기는 식품으로 널리 애용되고 있다.

흔히 인물을 혹평할 때, "호박꽃도 꽃이냐?"라는 말을 많이 쓰는데, 필자는 꽃 중의 꽃은 바로 호박꽃이라고 단언하고 싶다. 깊고도 그윽한 향기, 후덕한 품성, 향토적인 체취에 어머니의 풍모까지 지닌 호박꽃의 이미지를 따를 자가 없기 때문이다. 겉으로 예쁘지만 살벌한 가시를 품고 있는 장미보다, 삐죽삐죽 고개 내밀며 뽐내고 있는 능소화나 원추리보다, 호박꽃은 그 얼마나 서민적이고 쓸모 있으며 후덕한 정을 풍기고 있는가!

사람들과 교유할 때, 독침을 품고 있는 장미꽃 같은 사람을 만나면 그 저주와 시기와 질투의 가시에 상처를 입는다. 그러나 호박꽃 닮은 이를 만나면, 어머니의 정든 품에 안긴 듯, 마음이 평안하고 일이 술술 잘 풀리니, 호박이 즉 대박이다. 이 글은 사물에 대한 세미한 관찰과 깊은 사유, 그리고 적합한 비유로 사람 사귐의 미학을 새롭게 조명해 낸 생명력 있는 시조다.

그곳에 다녀왔다

이남순

꿈속에 다녀왔다, 양덕동행 버스 타고
방적동 301호실 기숙사 친구들과
재봉틀 오바로크에 꿈을 깁던 그곳을.

캐시밀론 솜털을 하얗게 덮어쓰고
교복 같은 작업복에 쏟아지는 잠 쫓으며
방적기 실 뽑아 감던 그때 나는 열일곱.

철야로 잔업수당 동생 학비 부쳐주던
나어린 소녀들의 눈물 젖은 지폐 몇 장
공순이, 그렇게 불려도 찔레처럼 웃었다.

평설

일찍이 송나라 구양수는 "시궁이후공詩窮而後工"이라 하였다. 곤궁함을 겪어낸 이후에라야 좋은 시가 탄생한다는 말인데 이 시조는 그런 의미에서 큰 감동을 준다.

지금부터 40여 년 전만 해도 우리 사회는 오로지 먹고사는 문제만을 해결하기 위하여 소싯적부터 생계를 위한 직업 전선에 매달려야 했다. 목구멍이 포도청이라 지독한 가난에 쪼들린 현실을 탈피하기 위해선 눈물겨운 정경들이 참으로 많았다. '공순이'는 그러한 시절, 닉네임처럼 불렸던 노동 아가씨들의 눈물겨운 이름이다.

문학은 지난한 인생 시련의 체험으로 싹이 돋고, 그 아픔과 슬픔의 미적 승화로 꽃이 핀다. 이 글은 그러한 쓰라린 체험을 이겨내고 그것을 문학예술의 경지로 끌어올려 오늘의 명시로 탄생시킨 차원 높은 작가의 작품이다. 지금은 옛 추억으로나 떠올림 직한 '오바로크', '캐시밀론 솜털', '방적기' 등, 그리고 '공순이'라 불리어도 찔레꽃처럼 웃고 넘어가는 작가의 시적 정서가 참으로 순수하고 신선하기만 하다.

방관자

이남식

애써 늘 그랬다 눈 감고 귀를 막고
불의한 몹쓸 일도 딴청 피며 입 닫았다
제 편한 세상을 살자 뒷짐 쥐고 무심했다.

이미 얼굴 잊힌 선배가 꿈에 나와
건강한 죽순으로 등을 한참 긁어줬다
아직은 늦지 않았다며 푸른 댓잎 닮으라네.

평설

　세상을 살다 보면 불의한 일, 역겨운 일도 참 많다. 좋은 일만 있으면 좋으련만 눈앞에 보이는 현실은 아니꼽고 차마 눈 뜨고 보기 어려운 장면들이 많기에 참견과 방관 사이에서 겪어내야 하는 갈등도 많다. 참견하여 거들자니 엉뚱한 벼락을 맞을 것 같고 그냥 지나치자니 당장은 편하지만, 마음 한쪽 구석에서 일어나는 양심이 쿡쿡 찔러댄다. 물질주의와 이기주의에 익숙한 현대인들은 누구나 다 방관자일 수 있다.
　이 글은 이러한 현대인의 내면 갈등 심리를 잘 그려 낸 시조이다. 인생의 길흉화복은 자신이 뱉어낸 말에 의해 좌우되는데, 말은 생각의 가지이기 때문에 가려운 곳을 긁어주는 한마디의 말 또한 중요한 해결의 실마리가 될 수도 있다. 이 글에 나타난 '건강한 죽순'은 가려운 곳을 긁어주는 요체다. 대나무는 꼿꼿하고 늘 푸르고 속을 비워 겸허하기에 인품의 올곧음을 상징하는 소재다. 그러기에 선배는 아직도 늦지 않았으니 '푸른 댓잎'을 닮으라며 올곧은 삶의 방향을 손짓해 주고 있다.
　삶의 언저리에서 부닥치는 현대인의 갈등 심리를 자아 성찰적 태도로 심도 있게 잘 그려 낸 글이다.

청려장 青藜杖

이도현

얼마나 아름다우냐 지난 노정路程 짚어본다
산새들 노래하고 강물은 울어 예고
한평생 살아온 여정 마디마디 고운 날.

사람은 한 번쯤 살아볼 만한 것이라고
독백이듯 되뇌이며 슬그머니 웃어도 보며
남은 길 비워서 더 고운 지팡이를 짚는다.

평설

　청려장青藜杖은 명아주로 만든 지팡이를 말한다. 청려장을 지팡이로 쓰면 중풍과 신경통에 효험이 있다고 한다. 재질이 가볍고 단단하고 울퉁불퉁하여 손바닥 지압 운동에 좋고 노인들의 반려자로 안성맞춤이다. 1999년 엘리자베스 여왕이 하회마을을 방문했을 때 귀한 물건으로 선물했다고 하며, 국가에서도 매년 100세가 되는 노인들에게 어버이날 노인의 날에 장수를 축하하는 의미로 청려장을 선물한다고 한다.
　이 글은 인생 황혼기에 든 작가가 청려장을 짚고 나서며, 애환이 교차되던 지난 여정을 되돌아보고 삶의 의미를 독백하듯 읊어낸 시조다. 인생은 고해苦海라던데 누구든지 노경에 접어들면 주로 후회스러운 탄로가를 읊조리기 쉬운데, 이 글의 작가는 '마디마디 고운 날', '살아볼 만한 인생'이라고 긍정적 인생관으로 술회하고 있다. 인생사 모든 것이 '마음먹기 나름'이라고 했는데, 아마도 청려장 지팡이를 짚은 까닭에 이렇게 긍정적이고 아름다운 천국의 노래가 나오는 것이리라.
　가볍고 단단한 청려장 지팡이, 그에 따라 마음도 비워서 남은 인생길도 지팡이와 같이 가볍게 가리라 하니, 노자의 '무위자연無爲自然' 사상이 청려장에 실려 새삼 그 의미를 깨닫게 하는 좋은 시조이다.

돼지가 웃었다

이만길

살아서 볼 수 없는 하늘을 죽어서 보니
얼마나 좋았길레 죽었어도 웃고 있나
생전에 못 받은 대접 죽어서야 받나 봐.

천하게 조롱받던 돼지가 오늘에야
몸통마저 버린 채로 죽은 후 미소 지으며
돈 물고 머리만으로 상좌 앉아 절 받네.

평설

 이 글에는 일종의 알레고리 기법이 적용되었다고 본다. 중심 소재인 돼지를 끌어들여 어리석고 욕심 많은 인간의 우매한 꼴을 멋지게 풍자했기 때문이다. 이승에 있을 때 돈을 얼마나 사랑했기에 저승에 가서도 돈을 물고 미소를 띠며 좋아하고 있을까?

 '돼지머리'는 경복慶福을 비는 고사 의식에 단골손님이다. 돼지는 무엇이든지 먹을 것에는 닥치는 대로 욕심을 내는 탐심 많은 먹꾸러기이다. 영적인 부를 쌓기보다는 육적인 만족만을 위하여 탐닉하는 어리석은 인간의 성정이, 탐심 많은 먹꾸러기 돼지와 다를 바가 무엇인가?

 돼지에게 생전에는 주지 않던 돈을, 죽은 뒤에야 비로소 그 입에 물려주니 얼마나 좋았길래 웃고 있는 것일까? 그래서 돼지는 몸통을 다 버리고 머리만으로도 상좌에 앉아 절을 받으며 만족한 미소를 짓고 있는 것이다. 이 글은 물질적인 욕심만을 추구하는 어리석은 인간의 모습을 풍자적 기법으로 해학적으로 흥미롭게 전개시켜 나간 솜씨가 범상치 않은 멋진 작품이다.

끈질긴 믿음

이명재

아기는 첫걸음을 넘어져도 일어서고
아무리 쓰러져도 지치지는 않나 보다
언젠가 설 수 있다는 믿음 있나 봅니다.

믿음이 단단하면 참는 힘도 크고 커서
끝내는 아름다운 참 열매가 열리지요
진정코 짐승과 다른 꽃향기가 곱습니다.

평설

글감을 채택할 때는 주변 사물에 대한 관찰이 급선무다. 공자께서도 젊은이들에게 작시의 필요성을 논하면서, "詩 可以觀"이라며 관찰을 강조하신 바 있다. 이 글에서 글감 채택은 걸음마를 배우는 아기의 모습에서 그 시상을 떠올리고 있다. 아기들은 쓰러지고 넘어져도 줄기차게 일어나서 기어이 서기 위한 발걸음을 계속하니, 그 끈질긴 재기의 모습에서 '믿음의 가치'를 발견해 낸 것이다.

맹자께서는 "대인 적자지심大人赤子之心"이라 하셨다. 군자와 같이 위대한 사람은 어린이의 순수함을 지니고 있다는 말이다. 어린이는 넘어지고 깨어지더라도 그의 순수한 믿음 하나로 계속된 발걸음을 떼곤 한다. 동물들은 태어나면서부터 일어서기를 하는데, 비틀거리며 넘어지더라도 다시 일어나 기어이 어미의 젖을 빠는 모습을 본다. 이렇듯 무서운 것도 힘겨운 것도 모르고 오직 믿음 하나로 발걸음을 떼는 그 순수한 믿음 의지가 참 열매를 맺게 되는 것이니, 이 얼마나 숭고하고도 신비로운가! 이러한, 때 묻지 않은 순수성에서 비롯한 어린이의 마음을 빌어 어른들에게 성찰의 기회를 제공해 주고, 깨달음에 이르게 한, 해맑고 향기 짙은 시조이다.

몽돌

이미숙

네 이름 불러본들 대답이나 하겠느냐
타는 세월 물결 따라 눈 귀 잃은 아픔 속에
덧없는 세속 이야기 잊은 지 오래이고.

햇살 받아 마음 씻고 별빛 감아 가슴 씻고
속살 터는 맑은소리 먼 섬이 귀를 열어
무심을 흐르는 몸짓 오도송悟道頌을 읊고 있네.

평설

'돌'의 이미지는 바위와 더불어 '불변不變'이다. 그런가 하면 '몽돌'의 이미지는 오랜 거친 세월 닿고 닳아 동글동글하게 형성된 '인고忍苦의 결정체結晶體'이다.

몽돌은 긴 세월 파도에 휩쓸리고 부대껴서 모가 깎이고 눈 귀를 잃어 아픈 사연을 지녔지만, 그것의 내면에는 햇살과 별빛을 받아 수행하며 숱한 역경을 견디어낸 심오한 의미를 품고 있다. 파도가 때릴 때마다 바닷가 몽돌은 속살 터는 맑은 소리로 딸그락딸그락 의사표시를 한다. 작가는 이러한 현상을 '무심을 흐르는 몸짓'이며, 진리를 깨달은 '오도송悟道頌'이라고 멋지게 비유한다.

우리네 인간이 아무리 사연이 많다고 한들 바닷가 몽돌의 아픔만 하랴. 장구한 세월 모난 것이 하도 깎이고 깎여 동글동글하게 되었으니, 우리네 인간도 모난 성정을 과감히 깎고 깎아 둥글둥글 원만한 인품을 배워가는 게 어떨까?

좁쌀 선생의 변辯

이병란

선생님 출신들은 모두 다 좁쌀이야
지인의 볼멘소리 웃으며 받아넘겨
아무렴, 좁쌀알 셀 듯 섬세하고 정확하지.

통 크고 허풍 세면 교육에 지장 많아
진리를 명확하고 바르게 가르치며
좀생이 소리 들어도 올곧은 게 좋은 거지.

평설

이 글은 '선생님'이라는 글감을 택하여 요즘의 세태를 잘 그려 내고 있다.

예전에는 '스승' 하면, '그림자도 밟지 못할 존경스럽고 위대한 분'이라는 이미지로 떠올렸는데, 요즘 세태는 막장 아이들 뒷바라지나 하는 '좁쌀 직업꾼' 정도로만 인식을 하는 경향이 많다. 그러니, 선생님의 입장에선 매우 기분 나쁘고, 보람이나 자긍심마저 잃어버리는 게 현실이다. 선생님의 역할은 학생 개개인마다 세심한 관심을 두고 일거일동을 관찰하면서 잘못된 부분은 일일이 지적을 하여 주의를 환기하고 훈도에 힘써야 한다. 그러지 못하면 언제나 비난의 화살은 거세지게 마련이니, 충실히 교육에 임하다 보면 "좁쌀 선생"이라는 소리를 듣게 되는 것이다.

이 글은 이러한 선생님의 입장을 연시조로써 잘 대변해 주고 있어 눈길을 끈다. '좀생이 소리'를 들어도 그 본분대로, '좁쌀알 셀 듯 섬세하고 정확하게', '진리를 명확하고 바르게' 가르치려는 스승 본연의 사명감이 잘 표현되어 있어, 큰 공감을 불러일으키는 좋은 시조다.

황태덕장

이봉수

바다를 건져 올려 산 위에 펴 놓으니
억울해 울부짖는 백만 대군 아우성이
대관령 쪽빛 하늘에 겨울 내내 퍼진다.

바다는 덕장에서 통째로 얼고 녹고
키 높이 눈에 묻혀 황태로 변했구나.
산 아래 동해바다는 봄을 찾아 나서고.

평설

　겨울철이다. 동장군의 위세가 온 천지를 뒤덮으니 성난 고드름은 줄줄이 창끝으로 땅을 위협하고, 여름 내내 졸고 서 있던 길가의 전봇대는 강추위에 못 견뎌 씨잉씨잉 울어댄다. 이맘때쯤, 대관령을 넘거나 진부령을 넘으려면 유난히 황태해장국이 여기저기서 입김 불며 손짓하리라.

　12월에서 1월이 제철인 명태는 고단백 저지방 식품으로 그 보관 상태와 조리법에 따라 생태, 동태, 북어, 황태, 노가리, 코다리 등 이름도 많다. 이 글은 황태덕장의 겨울 모습을 실감 있게 묘사해 내었다. 바다에서 건져 올린 명태의 무리들은 동해바다가 보이는 산 위 덕장에서 백만 대군처럼 도열하여 쪽빛 하늘 아래서 겨우내 소리 없는 아우성을 친다. 그런 가운데에서도 산 아래 동해바다는 봄을 찾아 나서겠지만, 바다는 덕장에서 통째로 얼고 녹는 것이다.

　문학은 흐릿하거나 썩지 않게 해주는 의미 있는 묘약이다. 때론 얼어붙은 인간의 감성을 녹여주는 햇볕이기도 하다. 지금도 강원도 어느 산 위 덕장에 가면 이름표를 단 백만 대군이 쪽빛 하늘 아래 아우성을 치고 있으리라.

새내기 시인의 꿈

이분옥

쬐끔은 낯설지만 기대 부푼 설렘으로
잰걸음 재촉하며 강의실 문 앞 서성
첫 입학 발돋움 긴장 오늘 바로 그날이네.

묵향의 인연 따라 일개미 고개 들어
퇴색한 빈 들판에 희망의 싹틔워 가니
나 지금 새로이 가는 길 축복의 문 들어섰네.

평설

이 글은 시인의 꿈을 안고 처음으로 문학 강의실을 들어서면서 느껴지는 설렘과 긴장감을 아주 잘 그려 낸 글이다. 등용문登龍門에 오르려면 누구든지 호된 수련과 시련의 과정을 통과해야만 한다. 그러기에 처음으로 들어서는 낯선 강의실 앞에서는 새로 맞는 스승과 동료들, 그리고 강의 내용이 궁금하여 그 긴장감과 호기심에 가슴이 두근두근하는 것이다.

이 글의 내용으로 보아 화자는 생업에 쫓겨 문학 공부는 엄두도 못 내다가 묵향 지인 墨香 知人의 인연에 따라 고개 들고 찾아와서 새 소망의 길로 들어서려는 입장이다. '곱게 물든 단풍은 봄꽃보다 더 아름답다' 하였는데, 만학의 인생에 새로이 삶의 꽃을 피우려는 화자의 심성이 한없이 곱기만 하다. '퇴색한 빈 들판'으로 비유된 화자의 어려운 처지에서 새 희망의 싹을 틔워 가려는 화자의 의지가 사뭇 신선한 인상을 풍겨준다.

발돋움하려는 새내기 문학도로서의 부풀어 오르는 소망감과 개척 의지, 그리고 긴장감을 아주 실감 있게 전개시켜 나간 산뜻한 시상의 표현이 큰 감동을 주는 멋진 시조이다.

달항아리

이석규

봄바람 이불 아래 소중히도 모셔뒀던
동지 긴 밤 펼쳐 놓고 벽계수와 즐겁던 날
빈산을 환히 채우던 황진이의 얼굴이다.

서라벌 달빛 속을 늦도록 노닐다가
침실 범한 역신 앞에 덩실덩실 춤을 추던
처용의 춤사위 가락 만파식적萬波息笛 얼이다.

깊은 수렁 늪을 지나 불가마도 이겨낸 너
희고도 귀한 살결 둥글고도 넉넉해라
무념의 하늘이 내려와 참선하듯 앉았구나.

> 평설

  달항아리는 조선 후기쯤부터 제작된 큰 백자 도기로서 다른 도기와는 다르게 희고도 둥글어서 넉넉한 모습에다 퍽 덕스럽다. 이 글은 그러한 달항아리의 우아한 모습을 아주 잘 묘사해 낸 인상 깊은 연시조이다.

  첫수에서는 동짓달 긴긴밤에 벽계수를 만나던 황진이의 달덩이 같은 얼굴에다 비유하였으며, 둘째 수에서는 서라벌 달빛 속을 노닐다 돌아와 역신 앞에 춤추던 처용가를 떠올리며, '만파식적의 얼'이라고 단정하였으며, 셋째 수에서는 인고의 불가마 속 탄생 과정을 겪은 후의, 우아하고 둥글고 넉넉한 표정의 자태를 표현하였는데, 고요 속의 하늘이 내려와 깃들어 숨 쉬고 있는 참선의 경지까지 시상을 확장하여 큰 감동을 주고 있다. 문학은 글로써 주어진 사물에 뜻깊은 의미와 생명력을 부여해 주는 예술이다. 버려진 달항아리는 생명이 없으나, 솜씨 좋은 문인의 시적 표현을 거친 달항아리는 숨을 쉬며 만인에게 미소 짓고 교감을 나누는 생명체로 거듭난다. 그냥 지나치기 쉬운 객관적 상관물을 택하여 평범 속에 진실을 발견해 내면서, 생명력 있는 멋진 글을 탄생시킨 작자의 심미안과 표현력이 돋보이는 좋은 시조이다.

억겁의 인연

이소정(이영주)

인생길 걸어가다 둥지에 갇혀서는
내 삶의 무게 속에 짓눌려 움츠리고
다람쥐 쳇바퀴 속에 내 꿈은 잠재웠지.

고갯길 넘고 넘어 은발이 성성하니
잠자던 꿈 깨어나 길 찾아 헤매는데
훌륭한 스승 만나니 평생 소망 이루네.

저물어 가는 길목에서 한 줄기 빛이 되어
가슴에 남은 불씨 호호 불어 살려주신
그 은혜 가슴속 깊이 간직하고 살아가리.

평설

　너와 나의 모든 관계는 다 '인연'으로 이루어져 있다. 축복 중에서 가장 뜻깊은 축복은 '만남의 축복'인데, 이 만남의 축복은 '인연'으로부터 이루어진다. 불가佛家에서는 인연 중에서 최고의 위치를 '스승과 제자의 인연'으로 치고 있다. '겁劫'이란 낙숫물이 떨어져서 집 한 채 정도의 바윗덩어리를 뚫어 없애는 기간을 말하는데, 옷깃을 한번 스치는 인연은 5백 겁, 부부가 되는 인연은 7천 겁, 부모와 자식 간은 8천 겁(형제자매는 9천 겁), 스승 제자와의 관계는 1만 겁의 인연이 있어야만 이루어진다고 한다. 스승과 제자 간의 인연을 부부나 부자간의 인연보다 더 최고의 가치로 평하는 데는 영혼까지 이끌어준다는 정신적 가치를 중요시했을 것이다.

　이 글의 작가는 고마운 스승의 은혜를 "억겁의 인연"이라고까지 칭송하면서, 다람쥐 쳇바퀴처럼 일상에 안주하고 있었던 자신이 훌륭한 스승을 만나 평생 소망을 이루었다는 감동적인 사연을 읊어내고 있다. 인생의 황혼기에 한 줄기 빛이 되어 가슴에 남은 불씨 호호 불어 살려주었다니 이 얼마나 감동적인 아름다운 이야기인가! 평범 속에 진실성과 참 아름다움이 깃들어 있는 감동적인 시조이다.

고인돌

이순향

한나절 소풍 나와 짚신 신고 죽장 잡고
허이휠 나비춤을 백로와 놀고 나면
돌 탁자 튼실한 집이 편히 쉬라 손짓하네.

버거운 억겁의 연 바람에 넘겨주고
혼구멍 사랑 구멍 슬며시 새겨놓아
억새꽃 흐드러진 골목에 방점 하나 찍었다.

평설

　고인돌은 청동기시대부터 있었던 거석문화巨石文化의 하나이며, 지석묘支石墓라고도 한다. 고인돌은 대체로 북방식인 탁자식과 남방식인 바둑판식이 있는데, 탁자식 고인돌은 받침돌을 세워 땅 위에 무덤방을 만들고 그 위에 평평한 덮개돌을 올린 구조다. 바둑판식 고인돌은 받침돌로 지하에 무덤방을 만들고 주변에 몇 개의 돌을 놓은 후 덮개돌을 얹은 구조다.
　시인은 글감으로 주어진 사물에 생명을 불어넣는 존재이다. 이 글은 작가가 고인古人의 입장으로 돌아가 투사投射기법으로 시상을 전개시킨 솜씨가 돋보인다. 짚신 신고 숙상 잡고 백로와 노닐던 고인의 유유자적한 인생이 편히 쉴 곳을 찾아가려는 숨결이 시적으로 형상화되어 넘실거린다. 그러기에 돌 탁자, 즉 고인돌을 매개로 과거와 현재를 이어주면서 내세를 들여다보는 작가의 영적 시혼이 반짝반짝 빛난다.
　버거운 억겁의 인연은 다 벗어서 홀연히 역사의 바람에 넘겨주고, 혼구멍 사랑 구멍을 타고 피안彼岸의 세계에 안주하고픈 시인의 영적 심미안이 번득이는 수준 높은 좋은 시조이다.

무제無題

이영도

오면 민망하고 아니 오면 서글프고
행여나 그 음성 귀 기울여 기다리며
때로는 종일을 두고 바라기도 하니라.

정작 마주 앉으면 말은 도로 없어지고
서로 야윈 가슴 먼 창窓만 바라다가
그대로 일어서 가면 하염없이 보내니라.

평설

이 글의 작가 이영도李永道(1916~1976)는 경북 청도 출신의 여류 시조시인이다. 그녀는 이호우 시조시인의 누이동생으로서 한때 청마靑馬 유치환(1908~1967) 시인과 통영의 교원 시절 플라토닉 러브스토리로 많은 이들의 관심을 끌었다. 그녀는 비록 20대에 남편을 잃은 불운이 있었지만, 엄격한 환경의 집안에서 여성 교육을 철저히 받으면서 성장한 수려한 인품의 소유자였기에 청마와의 관계도 매우 절제하였고, 평생을 고독과 애틋한 그리움 속에서 시인의 삶을 영위하였다.

이 글의 시적 정서도 전편이 비교적 평이하게 전개되었지만, '사랑'이라는 인간 내면의 숨길 수 없는 여성적 애정이 실감 있게 표출되어 있다. 이 시조가 어떤 문학적 기교나 기법 장치 없이도 감동을 주는 것은 진실한 사랑 체험에 의한 농축된 감성이 문장 속에 진솔하게 드러났기 때문이다.

사랑은 말보다는 마음으로 가슴으로 이심전심으로 하는 것이다, 기다리던 임이 왔건만, '정작 마주 앉으면 말은 도로 없어지고' '서로 야윈 가슴'으로 먼 창만 바라보다가 하염없이 그냥 보내고 만다. 이러한 여인네의 속내가 '애이불비哀而不悲'의 한국적 이별의 정한을 보여주고 있으니, 그 공감이 읽는 이는 가슴을 친다.

시들지 않는 꽃

이영주

누구를 탓하리요 내가 심은 꽃인 걸요
들에 핀 예쁜 꽃은 때가 되면 시드는데
내 맘에 활짝 핀 꽃은 시들 때를 잊었나 봐.

간신히 잠재운 꽃, 바람이 깨우네요
보고파 뒤척이고 그리워 밤새워도
이제는 추억의 서랍 속 고이 접어 두렵니다.

평설

　사람은 사랑과 그리움을 먹고 산다. 아름다운 사랑을 만나는 것은 인생의 가장 큰 축복이다. 통상적으로 '꽃'은 '아름다움'의 대명사로 쓰이지만, '사랑'이라는 명제에 대입시키면 이 글에서 그것은 '사랑하는 사람' 또는 '연심戀心'을 뜻하기도 하리라.
　사랑은 묘약이다. 사랑은 생명의 원천이기 때문에 위대한 힘을 갖고 있지만, 이성 간의 사랑일 경우, 도리에 어긋나거나 뒤틀어지면 또한 걷잡을 수 없는 절망의 나락으로 떨어지기도 한다. 이 글에서도 작가는 시들지 않은, '간신히 잠재운 꽃'을 바람이 깨운다고 하며 갈등을 겪고 있지만, 눈물을 머금고 '추억의 서랍 속에 고이 접어 둔다' 라고 읊조리고 있으니, 그 극기복례의 의지와 애틋한 연심이 가슴을 울린다.
　인연 깊은 이에게 다가오는 사랑의 심경을 평범하지만 부드러운 문체로 읊어나간 작가의 순수한 애정 심리와 극복 의지가 반짝반짝 빛나는 맛깔스러운 시조이다.

가을 이미지

이우종

잘 익은 가을볕이 창을 톡톡 두드리네
때 묻은 기억들이 악수를 청해 오고
하늘도 구름 사이로 엉덩이를 들썩이네.

못 죽을 그리움에 갈잎이 굴러가네
빈방을 서성대다 절반쯤 문을 열자
남산이 발꿈치 들고 알몸으로 안겨 오네.

평설

　가을은 천고마비의 계절이다. 하늘이 높고 푸르니 사람의 마음도 티 없이 맑고 푸르게 물들어간다. 가을볕은 창을 톡톡 두드리고 때 묻은 기억들이 악수를 청해 오기도 한다. 이렇듯 가을은 추억을 반추하고 청명한 꿈을 하늘빛으로 그려보는 계절이기도 하지만, 한편으론 내밀한 자아 속의 그리움과 그 아픔이 낙엽처럼 굴러떨어지는 계절이기도 하다.

　이 글에서 작가가 그려보는 '못 죽을 그리움'은 무엇을 뜻하는가? 그리움에 목마른 작가는 청명한 가을이 오히려 한편으로 야속할지도 모른다. 그러기에 작가는 허전한 마음으로 '빈방을 서성이다가 알몸으로 안겨 오는 남산을 끌어안는다'라고 하였다. 이 글은 자연과 서정적 자아와의 융합이 조화롭게 잘 드러나 있으며, 기다림의 가을 정서를 '우아미'라는 창작기법으로 멋지게 형상화시킨 작품이다. 의인화된 '가을볕', '하늘', '남산' 같은 소재들이 시적 자아를 물아일체의 경지로 끌어들이고 있어 한층 더 문학성을 높이고 있는 멋진 시조이다.

비누

이원용

세파에 찌든 마음 그 언제나 씻기려나
갸름한 너의 얼굴 통통한 너의 몸매
손잡아 문질러 보면 하얀 향기 보풀리네.

언제나 미끌미끌 애무하는 그 모습에
향기도 깨끗함도 따라와서 맴도는데
아무리 문질러 봐도 주름살은 그대로네.

평설

    시인은 보통사람들과는 그 보는 안목이 다르다. 돌에서 피를 뽑아내고 나무와 대화를 주고받으며 잃어버린 세월을 다시 일구어낸다. 이 글의 작가는 이러한 착상과 감정 이입법의 구사에 능한 면을 보이고 있다.
    이 글에는 자아 성찰적인 작가의 모습이 잘 나타나 있다. 물질의 세척에는 크게 효력이 있으나, 육신의 노쇠함이나 마음의 때를 씻어내고자 하는 작가의 순수한 소망에까지는 이르지 못하는 비누의 속성을 안타까운 심정으로 돌아보고 있다. 아무 것도 아닌 보잘것없는 일상의 물건들을 보고 인생과 연결을 지어 시적 착상을 일구어낸 작가의 구상이 돋보인다. 향기로움과 매끄러움이 넘치지만, 세파에 찌든 마음 때를 씻어내지 못하고 아무리 문질러 봐도 주름살은 그대로라니 얼마나 안타까운 일인가!
    생활 주변의 평범한 소재를 통하여 느끼고 터득한 미래 지향의 맑은 영혼과 깨달음의 순수 시혼이 반짝반짝 빛나는 좋은 시조이다.

낙일落日

이일향

하루가 멀다 하고 부음訃音이 날아든다
내 삶을 지탱해 온 피붙이며 정인들이
작별의 인사도 없이 이승을 하직한다.

잎이 진 낙목落木처럼 나 홀로 남았어라
몸에 밴 고독이라 두려운 것 없다마는
지는 해 붉은 울음이 내 것인 양 아파라.

평설

　인생은 낙엽이다. 모진 세월, 세찬 바람은 불어 닥치고 낙엽은 소리 없이 한 잎 두 잎 떨어진다. 이 글은 무상한 인생을 낙엽에 비유하며, 주변에서 사라져가는 지인들에 대한 안타까운 심정을 꾸밈없이 표현해 낸 진솔함이 가슴을 친다.
　인생 노을 녘에 들게 되면, 세월은 더 빨리 고속으로 흘러 하루가 멀다 하고 부음訃音은 날아든다. 어느새, 삶을 지탱해온 주변의 버팀목들은 하나둘씩 사라져 버리고 그때까지 살아남은 자아는 잎이 다 떨어진 낙목落木이 되어 외로움의 틀 안에서 쓸쓸히 고독과 함께 동거하게 된다. 혈육이나 지인들과 함께 정을 주고받던 꿈같은 지난 세월, 그것은 돌이킬 수 없는 날들이기에 현실적 자아를 긍정할 수밖에 없으니, 어느새 인생의 무상감無常感을 느끼며 고독은 또한 몸에 배어있게 된다.
　이 시조는 인생의 황혼기에 들어서 이러한 외로움의 정서를 진솔하게 잘 그려 낸 글이다. 의도적인 수사나 현학적衒學的 기교 없이 순수한 감성으로 시상을 전개해 나간 솜씨가 범상치 않으며, 하루살이의 소중한 명줄을 생각하듯이 사유 깊은 독자들에게 잔잔한 감동을 불러일으키는 좋은 시조이다.

서울 잠자리

이재호

집 나간 촌뜨기가 엉겁결 서울 와서
인파에 차량 홍수 길마다 쏟아내는
마천루 고함 소리에 왕방울 눈 되었네.

양 날개 달았다고 빌딩 숲 빙빙 돌며
창 너머 연인 사랑 빨갛게 훔쳐보다
우릉 쾅 천둥소리에 화들짝 놀라 뺑소니.

평설

 이 글에서는 시골과 도시의 공간이동이 매우 흥미롭다. 시골 대자연을 벗으로 삼아 물아일체物我一體의 경지를 체험한 경우는 그 추억이 늘 새롭고 아름답다.
 이 글에서 어릴 적 '시골 잠자리'로 돌아간 작가의 실체는 서울로 와서도 그 촌스러운 촌뜨기의 껍질에서 벗어날 수 없음을 시적으로 잘 묘사해 내고 있다. 글감으로 채택된 매개체 '잠자리'의 본바탕은 시골 출신이지만 생면부지 서울로 올라와서는 완전 촌뜨기 신세라 모든 것이 낯설고 어설프고 두려워 얼떨결에 스스로 놀라길 자주 한다. 그러기에 낯선 땅 인파에, 차량 홍수에, 마천루에 왕방울 눈으로 어리둥절하고 있다는 표현과 빌딩 숲 빙빙 돌며 연인사랑 훔쳐보다 천둥소리에 화들짝 놀라 뺑소니친다는 표현이 아주 흥미롭게 전개되어 있어 눈길을 끈다.
 시골과 도시를 접맥시켜주는 정서의 공간이동이 매우 자연스럽고 흥미로우며 독자들에게 공감력을 제공해 준다. 참신한 현대 시조로서 매우 인상적이며, 시적 긴장감과 신선감을 느낄 수 있는 멋진 시조이다.

간월도看月島

이정순

연꽃도 아닌 것이 연꽃인 양 피었구나
부처님 오시는 길 연등 달아 불 밝히니
간월암 화안한 불빛 섬마을의 등대인가.

국사인 무학대사 득도하여 이름 짓고
성상께 충심으로 어리굴젓 진상하니
섬마을 돌솥 굴밥은 별미 중의 으뜸일세.

평설

　간월도는 충남 서산에 있는 작은 섬으로서, 밀물 때면 떠 있는 섬처럼 보였다가 썰물이 되면 육지와 연결된다. 그러기에 이 작은 섬을 물 위에 떠 있는 연꽃, 즉 '연화대蓮花臺'라고도 하는데, 무학대사無學大師가 이곳에서 수도하던 중 달을 보고 홀연히 도를 깨우쳤다 하여 암자 이름을 '간월암看月庵'이라 하고, 섬 이름도 '간월도看月島'라 한다.
　이 글은 부처님 오신 날 즈음, 간월도를 탐방하고 거기서 체득한 견문과 감상을 읊은 연시조다. 섬을 둘러보니 연꽃도 아닌 것이 연꽃인 양 피었고, 부처님 오시는 길, 연등 달아 밝히고 있으니 간월암을 '섬마을의 등대'에다 비유하였다.
　이 섬마을의 특산물은 어리굴젓이다. 태조 이성계의 왕사인 무학대사는 이곳 특산물인 어리굴젓을 임금께 진상하여 칭송받았다는 이야기가 전해 오고, 지금도 '무학표 어리굴젓'이 명품으로 유명하다. 이 글의 화자는 이러한 지방색을 인식하면서 현지의 돌솥 굴밥을 맛보고 그 독특한 맛 체험을 '별미 중의 으뜸'이라고 표현하였다. 탐방지에서 느낀 현장감과 독특한 지방색이 잘 드러난 특색 있는 기행 시조이다.

군자란君子蘭

이정자

긴 겨울 십여 성상 군자답게 당당했다
혹한의 올겨울엔 초췌하게 변했지만
당당한 군자다움엔 움츠리진 않았지.

시샘달 해님 손길 고이 받아 감싸 안고
내 모습 제자리로 돌아오는 그 날에는
밤하늘 별들까지도 노래하며 춤추리.

평설

　사군자四君子는 예부터 고귀한 선비에 비유되어, 그 표상으로서 여러 시문과 문인화의 소재로 많이 인용되었다. '매란국죽梅蘭菊竹'은 각기 봄·여름·가을·겨울을 상징하는데. 매화는 지조, 난초는 고결, 국화는 길상과 절조, 대나무는 올곧은 지절을 비유한다.
　이 글의 제목으로 쓰인 '군자란君子蘭'은 이름 끝에 '란'자가 붙었지만, 일반적인 난蘭과는 종류가 다르며, 수명이 30년 이상으로 장수하고 꽃이 아름다워 더욱 군자다운 품성을 드러내는 식물이다. 군자란은 꽃이 피기까지 4년이 걸리고 품격이 높기에 그 꽃말은 '고귀'이다. 꽃은 넓은 깔때기 모양으로 주홍색 빛깔에 관상용으로 아름다워 많은 사람들의 사랑을 받는다.
　군자란은 혹한의 겨울을 이겨내고 당당하게 피어난 군자다운 품격의 아름다운 꽃이다. 그러기에 달빛이 시샘하나, 해님의 손길을 고이 받아 감싸 안고 제자리로 돌아오는 감격스러운 그 날에는 하늘의 별들도 찬미의 노래와 춤을 출 것이라고 한다. 아마도 여기서의 '군자란'은 바로 고난의 세월 모진 시련 끝에 아름답게 피어난, 작가 자신의 모습을 그려 낸 자화상일 터이다. 격조 높은 비유와 문인다운 소망이 잔잔히 드러난 감명 깊은 글이다.

공원 벤치 풍경

이종철

자작나무 그늘 아래 추억이 머물던 곳
찬바람 일렁이니 가을도 떠날 채비
낙엽은 가기 싫은지 벤치 위를 뒹군다.

한여름 매미 소리 그늘 속에 듣던 노인
백발도 낙엽 지니 남녘 딸네 가시었나
가을비 심술궂게도 정든 노심 쓸어간다.

평설

이 글의 작가는 말수가 적은 대신 내면의 깊은 정감과 진실이 충만한 선비형 문사이다. 그의 시에는 진실한 삶의 체험으로부터 우러나온 인생의 꿈과 과묵한 자아 성찰이 그 주종을 이루고 있다. 고희古稀를 맞이하여 그동안의 회한과 정한이 파노라마처럼 스쳐 가는 것을 그는 놓치지 않고 잘 그려 낸다.

릴케가 '시는 체험이다.'라고 하였듯이 농축된 인생 경륜과 체험은 이 글 속의 서정적 자아를 진솔한 선비형 작가로 이끌어내고 있으며, 인생 경륜이 정 깊고 남달라서 그의 작품에서 받는 독자들의 감동 또한 크다.

이 연시조에서는 공원 벤치의 풍경을 보고 인생 연륜의 수레바퀴 속에서 느끼는 상념을 실감 있게 형상화시켜 놓았다. 객관적 상관물에서 얻어낸 순간적 느낌이나 영감을 체험적 자아에 접목시켜 진솔하게 그려 낸 필력이 신선함을 돋보이게 한다.

공원 벤치와 같은 삶의 저변에서 느끼는 평범하고도 순수한 서정을 정겨운 시어들로 조합하여 전통적 운율미로 읊어낸 노심의 시조 향이 그윽하다.

생무지

이태순(승곡)

쉼 없이 팔딱팔딱 뛰고 있는 심장처럼
유효기간 알 수 없는 인생 지도 펼쳐보며
또다시 생무지 미래로 첫새벽을 열어간다.

바보 같은 웃음 띠고 미로로 접어들어
봉사처럼 더듬더듬 갈지자로 걸어가도
잡초는 바람에 맞서 오색 꿈을 또 엮는다.

평설

　이 글의 제목을 왜 '생무지'라 고 하였을까? '생무지'란 어떤 일에 익숙하지 못한 사람이나 아주 낯설고 생소한 상태를 말하는데, 화자는 거칠고 어려움에 부닥친 황무지 같은 현실을 생무지로 보고 그것을 극복해 나아가는 자아의 의지를 그려 내고 싶었을 게다. 마치, 아무도 거들떠보지 않고 황무지였던 간도 지방을 개척하러 과감히 나섰던 우리 선조들의 마음 자세와 비견할 만도 하다.

　이 글 속에 드러난 '잡초'는 끈질긴 생명력을 지니고 험난한 세상을 견디며 이겨나가는 화자를 상징하고 있다. 화자는 유한한 인간 수명 앞에서 드넓은 인생 지도를 펼쳐 놓고 소망의 꿈을 가득 안고 첫 새벽 첫 삽을 뜨며 생무지 미래를 개척하며 열어 나아가고 있다. 비록 시각장애인처럼 더듬대고 때론 휘청이지만, 아름다운 오색 꿈을 엮어가려는 선구자적 자세와 소박한 꿈을 지니고 있어, 시상이 의지적이고 생명력이 있다. 살아있는 시, 생명력 있는 시의 표본을 보인 인상 깊은 시조이다.

외기러기

이태희

기러기 마주한 지 그 세월이 아득하네
청공의 넓은 영역 한없이 풀어놓고
이제는 제 갈 길 찾아 정처 없이 가버리네.

혼자서 날지 말라 하늘길에 걸린 깃털
허공을 가로질러 갈증 푸는 외로움에
서럽게 눈물 쏟으며 하염없이 비행한다.

평설

이 글을 읽으면 '연리지連理枝'와 더불어 '비익조比翼鳥'라는 성어가 떠오른다. 하늘을 나는 새는 한쪽 날개로는 날 수 없으며 반드시 양 날개가 있어야 하니. 떨어질 수 없는 인생의 반려자, 즉 남녀 간의 부부 인연을 '비익조'에 비유한 것이다.

기러기는 한번 짝을 맺으면 평생 고락을 같이하는 부부를 상징한다. 그러기에 혼인 때 신랑은 기러기를 갖고 신붓집에 가서 상 위에 놓고 '전안奠雁' 예를 올린다. 그러나 인생은 마음먹은 대로 되지 않는다. 살다 보면 짝 잃은 외기러기가 되어 외롭고 쓸쓸하고 서럽기만 하다. 이 글 화자의 입장도 짝 잃은 외기러기, 슬픈 이별을 했기에 배필과 마주한 지도 아득하니 서로 제 갈 길을 가고 있는 쓸쓸함만이 전편에 감돈다.

이 글은 먼저 떠난 임에 대한 사모思慕의 곡이다. 아무리 불러 봐도 대답이 없으니 하늘과 땅 사이는 너무나도 넓었음을 체감했을 터이다. 광활한 하늘 공간에 홀로 날아가는 외로운 기러기 되어 오늘도 서럽게 눈물 쏟으며 허공을 헤집고 있는 그 쓸쓸함이 가슴을 저미게 한다. 화자의 슬프고 애절한 추모의 감성이 비유적 기법으로 잘 형상화 되어 읽는 이로 하여금 인간미와 공감을 불러일으키는 좋은 글이다.

촌놈의 독백

이한창

어쩌다 걷다 보니 서울까진 왔다마는
빌딩에 눌린 가슴 자라처럼 움츠리며
이 몰골 오기가 나서 하늘 보며 헛기침.

이승엔 이 모습이 주어진 숙명이리
발버둥 치는 뜻은 내세의 꿈 키움이니
인왕산 허리쯤에서 진달래로 살고프다.

평설

"이름대로 간다"라는 말은 진실이다, 이 글의 작가는 95년(1928년생)의 긴 세월을 넘기셨음에도 아직도 '한창'이시니, 누구든지 이 시백님을 뵈면 늘 그 함자대로 "한창이시다"라는 찬사가 쏟아진다. '문학'이란 것이 언어의 유희, 즉 한낱 말장난에 불과한 것이 아니고, '진솔한 인생 고백이요 아름다운 삶의 발자취다'라는 말은 이 작가님의 글을 읽어보면 안다. 이 글 속에는 험난한 인생의 수레바퀴 속에서 걸러낸 깨달음의 철학과 굴곡진 인생 여정을 아름다운 삶의 흔적으로 승화시키려는 순수하고도 진솔한 인생 고백이 눈길을 끈다.

인생의 대 선배님이시요, 큰 스승님이신 한창 시백님의 시풍은 늘 풋풋하고 생동감이 있다. 노경에 이른 지금까지도 젊은 시절 '꽃순이'를 그리워하는 시심이다. 일찍이 신동으로 이름났던 김시습이 어릴 때 늙은 재상 허조許稠 앞에서 '노목개화심불로老木開花心不老'라고 한 말과 딱 부합된다. 그러면서도 내세의 꿈을 바라보며 '인왕산 허리쯤에서 진달래로 살고 싶다'라고 고백하고 있으니, 도심 속에서 걸러낸 짙은 향토적 서정이 독특한 인상을 풍겨주고 있는 멋진 시조이다.

천년 바우*

이향재

'바우'란 명패 붙여 손잡은 지 오십여 년
어젯밤 바우들과 이내 청춘 안주 삼아
보름달 바라보면서 디딜방아 찧었다오.

한여름 길목에서 가는 길을 물어보니
가시밭 인생길에 엎드렸다 뛰는 모습
어르신 큰 문패 달고 말씀마다 공자일세.

주름진 얼굴에는 술 익은 향기 나고
황혼 녘 걸려 있는 노을빛 더욱 고와
열한 벗 천년 바우들 능금처럼 농익었네.

*천년 바우: 오십년지기 고교 동창 우정의 모임 명칭

평설

　시조는 압축과 함축의 미가 뛰어난 전통 문학이다. 수필이 자신의 체험과 주관을 긴 산문 형식으로 펼쳐나간 문학이라면, 시조는 초·중·종 3장의 균제미와 절제미 속에 펼쳐지는 미학적 가치를 추구하는 문학이다.

　이 글은 오십 년지기 고교 동창 우정의 모임을 이러한 시조 문학의 특성을 살려서 미학적으로 잘 표현해 낸 멋진 연시조다. 첫째 수는 보름달 아래서 옛날 추억을 떠올리며 흥겹게 만난 배경을, 둘째 수는 각자 나름대로 가시밭 인생길을 개척하고 격조 높은 인격의 소유자가 되었다는 감동을, 셋째 수는 나이 들어 원숙해진 모습이 능금 농익듯 노을빛 인생이 더욱 곱게 빛나고 있다는 예찬의 칭송이 눈길을 끈다.

　이러한 배경과 예찬의 글은 사실에 따른 적합한 시어 차용과 수사가 곁들어야 하므로 시상의 전개가 생각만큼 용이하지 않다. 천 년 동안 변치 말자는 '천년 바우'의 명칭이 인상적이듯이, 이 글은 추억을 떠올리는 적합한 시어의 차용과 비유가 매우 뛰어나 독자들에게 공감대를 형성해 주는 매우 인상 깊은 시조이다.

그리움

이 헌

먼 길을 달려와서 가지 끝 멈춘 바람
숨겨온 아린 사연 호롱불 밝히고서
가슴 속 감춘 그리움 꺼내 들고 보는 밤.

봉창을 반쯤 열면 다가선 작은 하늘
이 세상 오직 한 분 잊힐까 두려워서
실개천 내려앉은 달 두 손 가득 퍼 담는다.

평설

그리움은 외로움의 푸른 싹이다. 외로움의 고통이 있어서 거기서 자라난 곁가지가 그리움이다. 그것은 때 묻은 슬픔을 동반하기도 하지만, 또한 소망과 기다림의 행복감을 가져다주기에 뇌리에서 쫓겨나지 않는다. 그래서 '그리움'은 영원한 시의 탯줄이다.

이 글에는 잔잔한 그리움의 미학이 흐르고 있다. 그리운 임을 '달'이라는 매개체에 감정 이입하여 감동적으로 시상을 전개하고 있다. 사랑과 그리움은 누구든지 그 내면적 정서의 표현은 직설적이지 않고 다른 대상에 돌려서 표현하기를 좋아한다. 심리적으로는 '투사적投射的 동일시'의 방어기제와 연관되어 있다. 서정적 자아가 봉창을 열고 하늘을 보다가 실개천에 앉아 그리운 임의 형상을 그려보니, 그 모습이 물살 위에 달로 떠오른다. 화자는 가슴속 깊은 그리움을 남몰래 꺼내 보며 잊혀질까 두려워 실개천에 내려앉은 달님을 두 손 가득 퍼서 보듬었다 하니, 그 진솔한 그리움의 정서가 독자들 가슴 속에 실감실정으로 다가온다. 잔잔한 그리움과 그 내면 정서의 형상화가 반짝반짝 빛나는 좋은 시조다.

유월의 소년

이희란

살가운 봄 햇살도 간지러워 이젠 싫다
어느새 성큼 자란 나무들의 웅성거림
숲으로 찾아온 사춘기 팔목도 탄력 있다.

닮은꼴 하나 없는 생존의 설계도에
연두색 셔츠 벗고 땅의 속박 터는 줄기
시작된 엽록소 행진 두근두근 무성하다.

평설

　오월이 신록의 계절이라면 유월은 청록의 계절이다. 이 글을 읽으면 빠르게 철들어가는 소년의 성장 모습이 떠오른다. 이 글에 등장하는 '소년'은 '나무'에 비유되고 있으며 '숲'은 그들의 광장이다. 유월의 나무는 오월보다 몰라보게 성숙하여 짙푸르고 싱그럽다. 그러기에 어느새 성큼 자란 소년들도 웅성거리며 서로 어울리고 사춘기 팔목도 탄력 있다. 그들에겐 철 지난 살가운 봄 햇살도 이젠 간지러울 뿐이고, 연두색 셔츠는 벗어 던지고 땅의 속박도 털어버리고 혼자 서려 한다.

　이 글 속에서의 소년 이미지는 '일신우일신日新又日新'이다. 이른 봄의 어린 모습에서 환골탈태하여 푸른 꿈을 지니고 박차고 일어나 자립하려 한다. '엽록소'는 광합성을 하는 식물의 녹색 색소를 말하는데, 이 글에서 작가는 소년이 활동의 광장으로 나아가는 설레는 성장 발달을 '엽록소 행진 두근두근 무성하다'며 의인화 기법으로 멋지게 표현하였다. 한참 성장하며 철들어가는 소년의 모습을 비유적 기법으로 참신하게 표현한, 글솜씨가 돋보이는 수준 높은 글이다.

사막에서

임만규

참으로 멀리 왔다 그래도 가야 한다
눈앞이 황량하니 나도 곧 사막 되나
세상은 열려 있어도 길 찾기는 어렵다.

욕망은 신기루라 꿈처럼 뒤척이고
먼 길을 걸어가면 추억도 짐이 되나
가슴이 너무 기름져 발걸음이 무겁다.

여기서 실종되면 세상은 끝이 난다
마음을 열어야지 모래에 갇히려나
버리고 모두 버리고 가족 찾아 걷는다.

평설

고달픈 인생길은 종종 '고해苦海'에다 비유되기도 한다. 이 글에서는 고달픈 인생살이를 '고해'가 아닌 '사막'에다 비유하며 특색을 살려내고 있다. 참된 인생길을 찾는 일은 그리 쉽지 않다. 지금쯤 어디에 와 있는가 하고 뒤돌아보면 엉뚱하게도 너무 깊숙이 암울한 지경에 서 있기가 일쑤다. 회자는 이러한 경지를 '사막'에다 비유하고 혹여 자신도 사막화되지 않을까 우려하고 있다. 그러면서 욕망은 신기루이기에 뒤척이게 되고 추억도 짐이 되고, 욕망도 비우지 못해 가슴이 기름져 가는 것을 한탄하고 있다. 후반부에서 화자는 그렇게 여기서 실종되면 모래벌판에 갇히게 되니, 마음을 비우고 모든 것을 버리고 가벼운 발걸음으로 가족을 찾아 나설 것을 다짐한다. 여행의 최종 목적지는 가족이 기다리고 있는 집이요 가정이다. 이 글에서는 신기루를 쫓아가다 황량한 사막으로 들어가 버린 자신을 경계하면서, 마음을 비우고 무거운 짐을 다 버리고 본향으로 돌아오고자 하는 귀소본능의 교훈을 제시해 주고 있다. 적절한 비유와 적합한 시상 전개로 주제성이 잘 부각된 좋은 시조이다.

내 반쪽

임병웅

빈자리 메워주고 부족하면 채워 주고
반세기 긴긴 나날 토닥이며 살았는데
물결에 깨어진 윤슬 초승달이 울고 간다.

이제사 눈을 뜨니 내 것은 하나 없고
부질없는 헛 팔매질 유수같이 세월만 가
끝까지 남는 내 것은 돌아보니 당신뿐.

평설

　이 글은 극진한 아내 사랑의 연가戀歌이다. 늙어 가면서 의지할 것은 지팡이와 아내뿐이다. 젊을 때의 빛바랜 흑백사진을 보고 토닥이고 지냈던 과거의 한때를 돌이켜 보기도 하나, 가장 가까웠던 아내를 소홀히 여기고 세상 욕심에 물들었던 자화상이 화자를 슬프게 한다. 현대인들은 농담조로 "있을 때 잘해"라는 말을 주고받는다. 특히 정든 부부간에는 한쪽이 먼저 세상을 떠나갔을 때, 외롭게 남아 있는 독거노인에게 절실히 느껴지는 말이기도 하다.
　이 글에서는 부부 일심동체一心同體의 다정감이 더욱 도드라진다. 유수같이 흘러간 반세기 동안 다 헛된 것을 잡으려고 발버둥 쳐 왔지만, 다 허사이고 끝까지 남아 내 것이 되는 것은 오직 '당신뿐'이라는 표현이 독자들에게 큰 공감대를 불러일으킨다. 부부간의 천생연분을 '비익조比翼鳥 연리지連理枝'라 했는데, 섬김의 부부애가 드러난 이러한 시조를 대하면 '진실한 사랑'의 실체 현주소를 찾아온 것 같아, 독자들은 매우 흐뭇하다.
　코로나 팬데믹 현상으로 두렵고 인정 메마른 세상, 이러한 멋진 연가를 읊조리면 옆에 있는 인생 반려자가 예쁜 미소를 띠며 안겨 올 것이다.

풍금을 그리는 밤

임성구

중년의 밑동에서 눈감아 보는 밤이다
내 국민학교 그 언덕길 초록 꿈만 꾸던 시절
풍금을 예쁘게 쳐주시던 선생님이 계셨지.

아이들 수만 가지 꿈, 팔분음표로 그려주면
순박한 낙동강이 황톳빛이었다 맑아지고
가난도 일어서게 하는 미루나무 그림이었지.

토끼풀밭에 마주 앉아 소녀에게 건네준
그날의 꽃시계와 화관과 네 잎 행운 속
차르르 햇살 주례사의 성혼 선언문이 선명하다.

평설

　필자는 '내 마음의 풍금'이라는 영화를 보고 잔잔한 옛 추억의 정서에 빠져 본 적이 있다. 물질주의와 이기주의가 팽배한 현대 사회에서 어디 그토록 인간적인 정서적 체험이나 낭만적인 감상을 맛볼 수 있으랴만, 그럴수록 더욱 순수의 본향으로 돌아가 여유를 찾고 아름다운 인간미의 정서 환경을 되찾아야 할 것이다.
　이 글은 화자가 어릴 때의 소년으로 돌아가 소녀와 함께 소꿉놀이하면서, 그 아름다운 추억을 해맑은 필치로 그려 내어 사뭇 신선하고 아름다운 감동을 자아내고 있다.
　화자의 추억이 알알이 새겨진 어릴 때의 초록 꿈은, 초등학교 그 언덕길과 선생님의 풍금 소리, 그리고 낙동강과 토끼풀밭의 소꿉 살림 등에서 파노라마처럼 밀려와 잔잔한 시상으로 피어오르고 있다. 특히 소꿉놀이하면서 꽃시계를 끼워주고 화관을 얹어주던 꼬마 신랑 각시의 혼례 추억은 평생토록 지워지지 않는 마음속의 풍금 소리였으리라. 토끼풀의 '네 잎 행운'이 등장하는 것으로 보아, 아마도 소년 소녀의 아름다운 추억은 '내 마음의 풍금'에서처럼 아름다운 결말로 도래했을지도 모른다.
　멀어져가는 것에 대한 아쉬움, 그리고 맑고 밝은 동심의 아름다운 추억이 신선한 영상으로 반짝반짝 빛나는 멋진 시조이다.

8월 해바라기

임연혁

뜨거운 팔월 해에 신열 뜨는 목마름도
옷깃에 스며드는 향기를 품어 안고
동그란 황금빛 얼굴 까치발로 강을 본다.

이따금 바라보면 거친 숨 몰아쉬는
구름에 얼굴 가린 가녀린 저 목덜미
하나씩 까만 생명을 가슴속에 박는다.

채울 곳 다 채워서 더 채울 곳 없는 날
부끄러워 고개 숙여 휘파람을 불어 볼까
씨방 속 영글어 박힌 내 유년의 일기장.

평설

　햇살을 따라 제 몸을 가누고 사는 해바라기는 시에서 흔히 소망 의지를 품고 사는 객관적 상관물로 많이 등장한다. 이 글에서도 해바라기의 특성을 의인화시켜 형상화하고 자아의 입장을 거기에 투사해 넣음으로써 동일시 감성을 불러일으켜 시적인 성공을 거두고 있다. 해바라기는 영근 황금빛 얼굴로 하나씩 까만 생명의 씨앗을 지니고 있으면서도 때론 까치발 들고 저 멀리 생명의 강을 바라보며 소망의 꿈을 꾸는 존재다.
　이 글에서 작가가 떠올리는 해바라기의 이미지는 작가의 실존적 의식과 상당히 접근해 있다. 해바라기는 햇살의 따가움과 비바람의 고통을 겪어낸 뒤 까만 씨앗을 품고 성숙할 즈음 고개를 떨구어 내린다. 이 글에서 해바라기는 나이 들어 더 바랄 것도 없는 노경에 부끄러워 고개 숙이는, 겸손이 몸에 밴 화자의 실체이며, 거기엔 유년의 모습도 알알이 박혀 있다. 사유의 깊이가 깊고도 참신하며, 의인법에 따른 감정이입 수법으로 제재를 다루는 솜씨도 능숙하여 신선감을 주는 좋은 시조다.

달항아리

임화선

무심코 인사동을 지나다 본 천년 미소
오늘도 만삭이다 뭉클하다 풍년이다
어머나 갓 태어날 때부터 배불뚝이 만산이다.

초저녁 동녘 하늘 보름달이 떠오른다
만삭된 달을 보며 이지러진 달도 본다
못생겨 보름달 닮아 시름 젖은 웃음일까.

달 보며 먼 산마루 옛 추억을 더듬는다
오늘은 혼을 넣어 정성으로 불 지피고
나도야 흙으로 빚은 달항아리 되어본다.

평설

　시인의 눈은 늘 사물 속에 숨어 있는 다른 면을 본다. 그러기에 길거리를 지나다가 좋은 글감이 시인의 눈에 들어왔다면 벌써 글의 반은 쓴 거나 다름없다. 이 글은 인사동을 지나다가 언뜻 눈에 뜨인 달항아리를 보고 거기서 느낀 감성을 개성적인 안목으로 잘 그려 내고 있다. 달항아리는 모나지 않고 둥글고 넉넉하며 원만하다. 거기엔 도공의 숨결이 살아 숨 쉬고 있어 화자는 그것을 '천년미소'라고 비유하면서, 그 예술성과 교감을 하고 있다. 그러면서 배가 불룩한 그 모습을 '만삭이다' '뭉클하다' '풍년이다'라고 감성을 드러내면서, '배불뚝이 만산', '보름달'로 비유하고 때론 '시름 젖은 웃음'으로도 새겨보고 있다.

　이 글의 주안점은 마지막 수에 있다. 눈앞의 대상에 몰입된 화자는 달항아리의 넉넉하고 만삭된 보름달 닮은 여유로움을 닮고 싶어, 자신도 정성으로 불 지펴 흙으로 빚어낸 달항아리가 되어보겠다는 시심이니, 그 소박 진솔함을 추구하고자 하는 시심이 독자로 하여금 잔잔한 감동을 제공해 준다. 이 글은 비유가 뛰어나고 물아일체의 질박한 감성이 감정이입 기법으로 잘 형상화된 좋은 시조이다.

억새 바람

장금렬

흰 머리 흔드는 건 번민 터는 몸짓이다
시린 세월 옹이마다 고단함이 묻어나고
민둥산 겯고 튼 뿌리 거친 삶의 흔적이라.

허기진 그리움은 산등성을 오르내리며
눌 빛에 젖은 가슴 갈바람을 부른다
은백색 출렁이는 파도 별꽃 향기 그리며.

갈바람 달빛 세사細絲 밀었다 당기면서
구시월 음계 사이 은빛 언어 흩뿌리며
저만치 세월 끝자락에 갈색 사연 띄운다.

평설

　시적인 서정성은 그리움과 외로움이 주조를 이룬다. 그리움은 외로움을 낳고 그 외로움은 때론 숨겨둔 그리움을 살짝 끄집어내기도 한다. 이 글은 '억새'라는 제재를 통해서, 번민 속에 흔들리는 세월을 버티며 살아온 시적 존재의 모습을 '그리움'이라는 서정의 그릇에 잘 담아낸 작품이다.
　허기진 그리움은 험난한 산등성이를 오르내리며 갈바람을 부르고, 은백색 출렁이는 파도가 되어 이상 세계의 '별꽃 향기'를 그리고 있다. 그러다가 갈바람 타고 달빛 세사 밀었다 당기면서 먼발치에 서 있는 그리운 대상과의 만남을 위하여 '갈색 사연'을 띄운다고 하니, 억새의 생태를 통한 그 내밀한 서정의 세계가 감성적 인상적으로 반짝반짝 빛나고 있다. 이 글에서 '억새'는 비록 흔들리지만, 뿌리는 깊어 지조와 결의가 굳건한 서정적 자아의 모습일 수도 있다. 모진 세파 속에서 흔들리면서 이상 세계를 그리워하는 은백색 서정성이 잘 드러난 인상적인 연시조이다.

돌민정음
-시조의 세계화 즈음에

장성덕

말씀이 다르다고 히말라야 못 오르랴
케이팝은 온 무대를 배달어로 꾸며놓고
아이들 흔들고 있다 지구촌이 뜨겁다.

정음에 눈뜬 이들 저마다의 꿈을 싣고
서울행 청춘열차 손 흔들며 달려와서
한바탕 축제를 연다 무지개를 그린다.

파란 눈 젊은 친구 기와집에 매료되고
까아만 곱슬머리 김치찌개 좋아하네
겨레시 '청산리 벽계수'는 어느 임이 찾을까.

> 평설

　"돌민정음"은 이 글의 작가에 의하면, '아이돌'과 '훈민정음'의 합성어이다. 이 글은 아이돌 그룹의 인기에 편승한 한글의 전파 명성과, 그에 대조된 시조 보급의 아쉬움을 드러낸 글이다. 오늘날 아이돌 그룹의 소위 k-pop은 전 세계적으로 선풍적 인기를 끌고 지구촌 곳곳을 뒤흔들고 있다. 그들의 덕분에 훈민정음 한글이 세계 최고의 으뜸 글자로 알려지고 지구촌 오지까지 그 명성을 떨치고 있다.

　'가장 한국적인 것이 가장 세계적이다'라는 말이 의미하듯, 한국적인 가요, 한국적인 문화를 소개하면 외국인들은 더 열광한다. 그러기에 아이돌 인기를 타고 세계인들은 한국의 기와집에 매료되고 김치찌개까지 선호하는 것이다. 그런데, 유행 노래나 한글, 음식문화는 그리도 쉽게 지구촌을 달구고 세계화시켜 나가는데, 어찌하여 문학에서만은 우리 고유의 시조가 잠자고 있는 것일까? 화자는 이 점을 안타깝게 여겨 시조의 대유적 표현인 황진이의 '청산리 벽계수'를 내세워 은근히 비판하고 있다. 시조의 보급과 세계화의 길에, 깊은 자성으로 되돌아보게 하는 좋은 시조이다.

복사꽃을 아시나요

장숙자

마냥 고와서 서러움이 밀려온다
어디서 내려와 이 터전에 몸 풀었나
덧칠한 분홍 립스틱 온 마을을 점령했다.

꽃가마에 수를 놓고 꽃상여에 수를 놓아
앉아가는 그 길에 누워가는 그 길에
흥건히 뿌려나 다오 저승도 이승 같게.

가지마다 꽃잎 물고 새색시 볼 그리는데
취해서 혼돈인가 무릉도원 같아라
환장할 4월이어라 이대로 멈추어라.

평설

'복사꽃'은 봄철에 피는 복숭아 나무꽃을 가리킨다. 복사꽃 나무는 예부터 사랑과 부귀를 상징하는 나무로 여겨 왔다. 복사꽃은 이상향에 피어나는 꽃이라고 여겨, 일찍이 그러한 별천지를 '무릉도원武陵桃源'이라 불렀으며, 그 열매는 악귀를 쫓아내는 힘이 있다 하여 '선과仙果'라 부르기도 하였다. 그러기에 그 나무에 피는 복사꽃은 우리 조상들이 매우 좋아했으며, 향그런 꽃향을 풍기고 있는 미모의 여인에게만 '도화桃花'라는 이름을 지어주었으니, 복사꽃은 곧 아름다운 여인을 상징한다.

이 글은 아름답게 핀 복사꽃의 신비롭고 황홀한 모습을 아주 잘 묘사해 낸 연시조다. 너무나 고와서 서러움마저 밀려온단다, 만개한 분홍빛 꽃 무리가 온 마을을 점령했으니, 이 황홀한 아름다움이 이승의 꽃가마나 저승 가는 꽃상여나 모두 다 꽃수를 놓아, 저승도 이승 같게 축복의 현실로 삼아 달란다. 그리곤 말미에선 이 황홀경에 취한 서정적 자아는 예가 바로 '무릉도원'이라며 감탄하고, 감정의 극에 도달해서는 '환장할 4월'이라고 표현하여 감성의 폭이 매우 컸음을 드러내었다. 아름다움의 경지를 지나 황홀경이나 신비성을 지닌 복사꽃의 이미지를 리듬감 있게 잘 표현해 낸 멋진 시조다.

애기똥풀 자전거

장은수

색 바랜 무단폐기물 이름표 목에 걸고
벽돌담 모퉁이서 늙어 가는 자전거 하나
끝 모를 노숙의 시간 발 묶인 채 졸고 있다.

뒤틀리고 찢긴 등판 빗물이 들이치고
거리 누빈 이력만큼 체인에 감긴 아픔
이따금 바람이 와서 금 간 생을 되돌린다.

아무도 눈 주지 않는 길 아닌 길 위에서
금이 간 보도블록에 제 살을 밀어 넣을 때
산 번지 골목 어귀를 밝혀주는 애기똥풀.

먼지만 쌓여가는 녹슨 어깨 다독이며
은륜의 바큇살을 날개처럼 활짝 펼 듯
페달을 밟고 선 풀꽃, 직립의 깃을 턴다.

평설

　이 글이 눈에 번쩍 뜨이는 이유는 시어 차용의 적합성과 신선함, 그리고 이질적 사물 간의 교감을 통한 시상 전개가 리듬 감각에 맞춰 절묘하게 구성되어 있기 때문이다. 이 글은 우선 제목부터가 특이하다. '애기똥풀과 자전거'라 하지 않고 '애기똥풀 자전거'라 한 것은 이분법으로 분리된 이질감을 떠나 자전거와 애기똥풀과의 교합성과 교감성을 살리려는 작가의 의도 때문이라고 분석된다.

　하나의 시를 완성하려 할 때, 사물의 현상을 있는 그대로 묘사하는 것도 좋지만, 그러면 작가의 상상력과 창의력은 틀 안에 갇히기 쉽다. 사물에서 느끼는 감성을 자기만의 개성적 안목으로, 상상력으로 신선하게 시상을 확장시켜 나가는 일은 작가가 추구해야 할 기본 태도이다. 진정한 시인은 목격한 사물에 이름표를 붙이고 생명을 불어넣는다. 이 글의 작가는 골목 구석에 무단폐기물로 버림받은 녹슨 자전거를 노숙자에 비유하여 의인화시키면서 그 처절함이 애기똥풀을 만나 교감하고 위안을 받음으로써 새로운 활로를 꿈꾸며 열어가도록 이끌어 간다. 이 글은 장시조로 구성되어 있지만, 독특하게 사물을 바라보는 예리한 관찰력, 신선한 민초 정신과 생명 의식, 그리고 삶에 대한 소망 의지가 시조의 리듬 감각에 맞춰져 반짝반짝 빛이 나는 좋은 작품이다.

박태기꽃 앞에서

장희구

말 못 하고 떠난 임 그 사연을 담았구나
촉을 틔는 자주색 꽃 가지마다 소식 이고
앞섶을 푸는 바람에 소식 하나 전하려고.

듬성듬성 달렸으면 가련키도 하련마는
덕지덕지 붙었으니 외롭지는 않겠구나
속임수 만연한 세상에 뭉쳐야만 산다더냐.

다 품고 산다는 건 쉽지는 않겠거늘
흉년은 멀리 갔나 주걱에 붙은 밥알
서둘러 꽃 먼저 피운 뜻 잎 돋으면 알겠거니.

> 평설

    시인은 새로움을 발견하는 사람이다. 일반인이 무의식적으로 흘려보내기 쉬운 사실들을 시인은 그냥 지나치지 않고 그 특징을 잡아내어 의미를 부여해 준다. 박태기나무는 줄기에 잎이 나기 전, 자주색의 꽃이 주걱에 밥알 붙은 모양으로 오톨도톨 피어나 밥풀때기처럼 독특한 모양을 형성한다. 작가는 그러한 독특한 모양의 박태기에 혼을 불어넣고 교감을 통하여 흥미롭게 시상을 전개시켜 나가고 있다.

    덕지덕지 꽃잎이 붙어 있는 모습은 말 못 하고 떠난 임의 많은 사연에 비유되었다. 또 옹기종기 붙어 있기에 민초의 마음이 외롭지는 않겠다고 위로하면서, 한편 그 모습은 배고픈 자가 그리워하는 '주걱에 붙은 밥알'로도 비유되어 독특한 인상을 풍겨 주고 있다. 이 글이 암유하고 있는 상징성은 끝부분의 종장에 있다. '서둘러 꽃 먼저 피운 뜻, 잎 돋으면 알겠거니'란 뜻은 다의성을 내포하고 여운을 남겨 주는데, 속임수와 풍파 많은 세상에서 온갖 어려움을 당하고 있지만, 꽃이 먼저 피는 뜻은 배고픈 자가 나중에서야 알게 된다는 것이다. 식물의 특성에 감정이입 기법으로 투사하여 의식 세계를 접목시키고 의미를 부여해 주면서 시상을 전개시켜 나간 표현 기교가 돋보이는 멋진 시조다.

미치광이 풀꽃

정용현

한 번쯤 태어나서 뜨겁게 태울 가슴
핑크빛 여린 마음 미치광이 되었지
온 세상 그대를 향한
청춘 한 철 끓는 피.

어느새 야위어져 굳어진 피돌기에
계절은 익어가고 진하게 남긴 여운
소낙비 흠씬 맞고서
독기 한풀 꺾였지.

평설

　미치광이 풀꽃은 가짓과에 속하는 독초로서 4, 5월에 짙은 보라색 꽃이 핀다. 독성이 강하여 이 풀을 잘못 먹으면 미친 듯이 날뛴다고 하여 '미치광이 풀꽃'이라 한다. 그러나 이 풀을 알맞게 쓰면 미친병을 치료한다고 하니 독초이면서 약초인 셈이다.
　이 글은 이러한 미치광이 풀꽃의 생태를 의인화하여 아주 인상 깊게 잘 표현해 놓았다. 작가는 이 풀꽃의 본태적 생태를 관찰하고 의인화시켜 '한 번쯤 태어나서 뜨겁게 태울 가슴'이란다. 그런 성정 속에서 성장하다 보니 어느새 정열이 넘쳐 '미치광이'가 되었고 '그대를 향한 청춘의 한 철'은 끓는 피가 솟구치기도 하였단다. 그러나, 세월은 풍상을 몰고 와 늘 시련을 쏟아붓고 순환 성장을 할퀴고 흔들어대는 법, 세월의 매를 맞아 야위어진 몸에는 어느 틈엔가 피돌기가 굳어지고 미치광이 독기는 한풀 꺾여버렸다는 표현이 아주 절묘하다.
　이 글은 미치광이 풀꽃의 생태를 빌어 표독스러운 여인의 모습을 비유적 풍자적으로 멋지게 표현해 낸 솜씨가 돋보이는 인상 깊은 시조이다.

눈꽃보다 더 눈부셔라

정은정

하늘과 마주 닿은 가녀린 나뭇가지
안개의 엷은 눈물 바람도 잔잔한 날
상고대 신비로움이 영롱하게 빛나네.

칼바람 견뎌 내온 물안개의 눈물 조각
여명의 밝은 빛이 은빛 물결 빚어내니
수정 빛 반짝거림이 눈꽃보다 더 곱네.

평설

이 글의 지은이는 자연현상에 대하여 개성적 감성이 풍부하고 그것을 글감으로 포착하는데 유능한 작가로 보인다. 사물을 관찰하고 난 뒤 그 특징을 흘려보내는 것이 아니라, 자기 나름대로의 시적 영역을 확보해 놓고 그것을 관조적 시상 전개의 세계로 끌어들이고 있다. 이 작품에는 상고대와 여명의 밝은 빛이 작가만의 개성적인 안목의 세계에 미적으로 배치되어 있다.

안개 자욱하고 상고대 영롱히 빛나는 아침, 여명의 밝은 빛줄기가 황홀하게 내리쏟아질 때, 밝은 빛줄기에 매달린 물안개의 알갱이들이 은빛 물결을 타고 수정 빛으로 반싹거리는 모습을 아주 잘 묘사해 내었다. 시의 생명이 글감으로 내세운 사물의 미적 형상화에 그 중심이 있다면, 이 글은 묘사와 진술이 조화를 이루면서 현상학적 미학의 경지에까지 끌어올리고 있어 큰 감동을 준다.

풍부한 감성과 개성적인 안목, 그리고 사물과 작가와의 정서적인 교감 능력으로 보아 필력이 범상치 않으며 수준 높은 작품으로 평가된다.

노욕老慾

정진상

세월이 헐떡이며 칠십 고개 넘어서니
등 굽은 기둥 하나 민둥산 떠받들고
상천上天을 지나던 태양 서녘 하늘 물들인다.

태엽을 감아 볼까 거꾸로 돌려 볼까
모든 무대 되돌리고 나이테로 풀어내어
동산에 춤추던 태양 다시 품고 싶어라.

평설

이 글을 읽으면 고려 때 우탁禹倬의 '탄로가嘆老歌'가 떠오른다. 늙음을 한탄하는 노래다. 인생칠십고래희人生七十古來稀란 말의 줄임말이 '고희古稀'인데, 당나라 시성詩聖 두보杜甫의 시 '곡강曲江'에 나온다. 두보는 그런 말을 하고서 스스로가 누린 연수年數는 정작 환갑도 넘기지 못했다. 이 글의 작가는 칠십 고개를 넘기면서 스스로를 돌아보고 세월의 무상감과 함께 다시 젊어지고 싶어 하는 인간적 소망을 넌지시 그려 내고 있다.

이 글에서 '등 굽은 기둥'은 등허리, '민둥산'은 벗어진 머리를 뜻하리라. 심신이 늙어 쇠잔해진 스스로를 태엽을 거꾸로 돌려 다시 젊은 무대에 올라서고 싶어 하는 마음이 비록 허무맹랑하기는 하지만, 인간이면 누구든지 소망하는 원초적인 본능이다. 하지만 인생은 맘먹은 대로 되지 않는다. 주어진 대로 받은 대로 순명하며 살아야 한다. 작가는 이러한 인간의 조건을 알고 있기에 자신의 심리를 '노욕老慾'이라고 표현하면서 하나의 넋두리처럼 읊조리고 있다. 비유의 기법을 통하여 스스로를 위안하면서 회춘回春하고자 하는 심리가 재미있고 유연한 멋진 시조이다.

세월의 붓 잡기

조건상

약국 문 열어놓고 손님을 기다리며
찾아온 손님에게 건강을 챙겨주다
무심히 가는 세월은 붓 잡을 줄 몰랐네.

노을빛 그림자가 할 말이 많은 듯이
어깨를 두들기다 놀란 듯 달려가며
자신을 돌아보면서 시조시인 되라하네.

오늘도 이른 아침 약국 문 열어놓고
두 손 모아 명상하며 시심에 젖어보니
인생길 굽이굽이가 물결치는 시상일세.

평설

 이 글을 읽으면 '붓을 잡는다'라는 뜻의 '집필執筆'이라는 말이 언뜻 떠오른다. 작시의 모티브는 속절없이 흘러가는 세월 속에서 일상에 쫓기다 보니 "붓 잡을 줄 몰랐다"라는 것이다. 노후의 인생을 그리라 하면 아마도 퇴색한 누런 색깔일 것이다. 마음먹기 나름이라 하니, 누런 색깔이 비록 빛이 바래 싱싱하고 푸른 멋은 없지만, 좋게 말하면 순간순간 경륜이 켜켜이 쌓인 노을빛이요 금메달 황금빛이니, 고귀한 황제의 곤룡포 빛이 아닌가!

 이 글에는 쏜살같이 흘러가는 세월을 아쉬워하면서 비록 노을빛 인생에 들어섰지만, 기어이 문학의 꽃을 피우며 살아가겠다는 삶의 의지가 선명히 드러나 있다. 약국의 문을 열고 손님을 맞이하고 건강을 챙겨주다 보면 어느새 땅거미가 찾아와 하루해를 넘길 것이다. 그러나 떨어진 꽃잎은 꽃씨를 품고 있어야 하는 법, 노을빛 그림자가 늘어진 인생을 찾아와 '시조시인 되라'며 덕담을 전해주기에, 망중한忙中閑 명상을 즐기며 시조시인의 꿈에 젖어보곤 한단다.

 이 글은 무심히 흘려보낸 세월을 아쉬워하며 비록 황혼기에 들어섰지만, 시심의 본향으로 돌아가 귀착하고자 하는 향기로운 새 삶의 의지가 반짝반짝 빛나는 좋은 시조이다.

곰소는 물의 사리舍利

조국성(본명 조성국)

구름의 발원으로 태어나는 물방울들
성불할 일념으로 오체투지 삼보일배
멀고 먼 고행길에서 진신사리 찾는다.

법문이 출렁이는 곰소항의 소금밭에
내소사 독경 소리 은은하게 스며들 때
검푸른 밀물에 씻어 젖은 속세 지운다.

육탈된 순백 사리 소금으로 염장하고
세상의 소금 되자 짭짤히 보시하며
곰소는 물의 사리로 반짝반짝 빛난다.

평설

이 시조는 시상 전개가 부드럽고 내용도 의미가 깊어 순백純白 소금처럼 반짝반짝 빛난다. 멀고 먼 고행길에 진신사리眞身舍利를 찾는다며 인근 내소사의 독경 소리와 연계하여 탈속脫俗의 경지에 들어가면서, 곰소 염전의 소금을 '육탈된 순백 사리'로 비유한 것이 순수한 신선감을 준다.

특히 '독경 소리', '검푸른 밀물에 씻어 젖은 속세 지우기', '순백 사리, 반짝반짝 빛난다', '짭짤한 보시'와 같은 표현들은 각각 청각, 시각, 촉각, 미각적 이미지로서, 전체적으로 조화롭게 어우러져 작품성을 크게 높여주고 있다.

이 글에서 어쩌면 곰소항의 소금밭은 작가가 그리워하는 정토淨土이거나 이상향일 수도 있다. 번뇌스럽고 복잡한 세속을 벗어나 자아의 정체성을 찾아 본향으로 돌아가고자 하는 작가의 염원과 귀소본능歸巢本能의 순수 미학이 돋보이는 작품이다.

무릉을 꿈꾸며

조영두

청산이 오라 불러 좋아라 찾아드니
그 아래 흘러가는 너와 나 강물 속에
얄궂은 비구름 내려도 연잎이 막아주네.

짐승들 배고프니 밥 한술도 나눠 먹세
바람은 도도해도 계절은 공평한데
나무들 탁한 공기에 잎새들 몸살이네.

어쩌랴 모둠 되어 나뒹굴고 웃어보고
여보게 이 사람아 시 한 수 읊고 가세
꿈속에 만나보았던 낙원이 곧 올 거라네.

평설

이 글을 읽으면 도연명의 '도화원기桃花源記'와 노자의 '무위자연無爲自然'이라는 말이 언뜻 떠오른다. 또, '청산'은 이 글에서 자연을, '연잎'은 때 묻지 않은 청정함을, 그러한 청정한 환경 속에서 시인의 길을 걸어가고 싶어 하는 화자의 서정적 자세가 상당히 선비적이고 풍류적이다. 이 글에서 삭막한 현실과 관련된 시어들은 '얄궂은 비구름', '배고픈 짐승들', '탁한 공기' 등이다. 화자는 이러한 혼탁한 현실을 안타까워하며 무위자연의 맑고 밝은 환경에서 짐승들과도 상생을 누리며 어우렁더우렁 함께 어울려 풍류적 삶의 길을 영위하는 무릉도원을 그리워하고 있다.

화자가 꿈속에 만나보았던 그 낙원은 바로 청정과 순수, 그리고 화평과 풍류적 어울림이 함께 하는 평화로운 무릉도원이었으리라.

선비정신과 시인 정신은 때 묻지 않은 대자연의 품속에서 이루어진다. 이 글은 이러한 인생관 또는 자연관의 배경 속에서 낙원을 꿈꾸는 작가의 아름다운 시상이 운율미로 잘 표현된 연시조이다.

산수유

조영희

입 막고 웃으려다 터져버린 웃음소리
세상 속 뭘 봤기에 얼굴빛이 노래져서
숨 참고 자지러지며 휘청대는 저 꼴 좀 봐.

살갗에 찰싹 붙어 꽃샘바람 찌르는데
옷 입을 겨를 없이 맨몸으로 박장대소
깔깔깔 덩달아 웃다 몸져누운 저 봄빛.

평설

이 글은 봄소식 전령사로 일찍 도착해서 만개한 산수유꽃을 노래한 것이다.

흔히들 산수유꽃의 화사한 모습을 구태의연하게 '노란 색깔의 봄빛', '추운 겨울 이겨낸 첫 소식' 등으로 표현하는데, 이글은 그러한 식상한 표현을 뛰어넘어 충만한 기쁨으로 터져버린 꽃 웃음으로 끌고 가서 독특한 시적 분위기와 벅찬 감동의 장으로 빠져들게 한다.

이 글의 감미로움은 '의인화'에서부터 시작된다. 산수유꽃은 '입 막고 웃으려다 터져버린 웃음소리인데, 세상 속 뭘 봤기에 얼굴빛이 노래져서, 숨 참고 자지러지며 휘청대는 저 꼴 좀 봐'라며 화자마저도 자지러지고 있다. 시상의 펼침이 관찰자의 입장이지만, 몰아沒我의 경지에 들어가 있어 흥미롭고 배꼽이 터진다. 후반부에서는 앞 연의 시상에 점층적 의미가 더해져 있다. 꽃샘바람의 시샘이 있지만, 맨몸(잎이 없이 꽃이 핌)으로 박장대소하며 깔깔깔 덩달아 웃다가 급기야는 '몸져누운 저 봄빛'이라 하였으니, 산수유꽃이 지닌 기존 관념의 울타리를 부수고 폭발적인 놀라운 경지의 시적 표현을 탄생시키고 있어 크게 눈길을 끈다. 대상과 화자가 하나가 되어 물아일체, 물심일여의 경지에서 환호작약하는 봄맞이의 기쁨이 충만하여, 아주 큰 감동을 주는 인상적이고도 멋진 시조이다.

볏짚의 하소

진길자

햇살이 가을에게 애면글면 하소한다
알곡만 거두냐고 여물 되기 싫다고
벼 이삭 재롱이란 말 함께 들은 칭찬인데.

논바닥에 버려진 채 바람에도 묻고 있다
낟알을 기른 것은 분명코 나일 텐데
어찌해 나를 버리고 알갱이만 거두는가.

평설

    시인은 주로 체험을 바탕으로 글을 쓴다. 상상력도 체험에서 그 뿌리를 찾아낸다. 송나라 구양수가 '시궁이후공詩窮而後工'이라 하였듯이, 시인은 고난의 세월을 감내한 다양한 인생 체험자일수록 실감 나는 진솔한 글을 쓰게 된다. 그래서 시인되기는 쓰라린 인생을 겪어낸 시골 출신이 훨씬 유리하다.
    위의 시조를 읽으면 시골 농촌의 풍경과 향토적 서정, 그리고 관심 있는 사물과의 교감에서 우러나오는 개성적 비판 의식까지 감지할 수 있다. 농부가 수확 추수를 하면서 낟알만을 취하고 낟알을 키워준 볏짚은 소용없다고 함부로 내버리니 볏짚의 입장에서는 그 얼마나 야속하고 원통한 일이겠는가!
    시는 비유적이고 함축적이기 때문에, 이 글에서의 '볏짚'의 의미는 아마도 달면 삼키고 쓰면 뱉어버리는 세상인심을 은근히 상징하기도 하리라. 필요할 땐 교언영색으로 아첨하며 달라붙다가도 상황이 유리해지면 차버리는 세상인심을 비유적으로 표현해 낸 솜씨가 두드러진 좋은 작품이다.

마음이 시큰한 날

차영규

바깥이 어지럽고 눈앞이 혼탁하여
마음만 서러워서 눈 감고 살려 하니
골방서 경을 읽기가 숨이 막힐 지경이다.

세상이 돌아누워 하늘이 땅이 되고
위로는 눈 어둡고 아래는 밝다 하나
윗물이 구정물인데 아랫물이 더 맑을까.

평설

　이기주의와 물질주의, 명예심과 물욕으로 가득 채워진 현대인들은 대부분 배려와 겸양보다는 자기중심적이고 소위 '내로남불'이 보통이다. 시인은 시적 풍류로써 그러한 심경을 읊어내어 카타르시스를 체험하게 되지만, 그래도 눈에 보이는 것 귀로 듣는 것들이 어지럽고 혼탁한 것뿐이니, 눈 뜨고 볼 수 없어 '목불인견目不忍見'이란 말이 가슴에 와닿는다.
　옛 선비들은 출사하여 관직에 머무르다가 된서리를 맞으면 귀거래하여 여생을 안빈낙도로 지냈다지만, 그러나 어찌 현대인들이 세상이 어둡다고 골방서 경 읽기만 할 수 있단 말인가. 눈 감고 귀 막아도 들려오는 눈앞의 암울한 현실에 숨이 막힐 지경이다. 비정상이 정상이고 하늘이 땅이 되니 뒤집힌 세상이다. 윗물이 맑아야 아랫물이 맑은 법인데, 구정물이 지속해서 내려오는 현실에선 맑음으로 버티어 내기란 쉽지 않다. 이 글은 이러한 혼탁하고 어지러운 세태에 대한 지성적 비판적 안목을 직설보다는 풍유적 독백적 언술 기법으로 표현해 내어, 성찰의 깨달음을 제공해 주는 수준 높고 자연스러운 시조이다.

삼회三悔

차영호

무엇을 잘했다고 큰소리 쳤었는가
무엇을 못했다고 야단을 쳤었는가
참을 걸 좀 더 참을 걸 나이 들어 후회한다.

세월에 속았다고 추억이 아프다고
탓한들 무엇 하리 토한들 무엇 하리
즐길 걸 좀 더 즐길 걸 나이 들어 후회한다.

내 발등 뜨겁다고 이웃을 외면했네
사랑의 종소리에 너무나 인색했네
베풀 걸 좀 더 베풀 걸 나이 들어 후회한다.

평설

    이 글은 문학적 수사나 기교보다는 일상적 생활에서 얻어낸 깨달음을 진솔하게 나타낸 생활 시조의 성격에 가까운 시조이다. 첫째 수에서는 논어의 "작은 것을 참지 못하면 큰일을 도모할 수 없다小不忍則亂大謨"는 교훈을, 둘째 수에서는 공자의 "아는 것과 좋아하는 것보다, 즐기는 것이 최고다知之者不如好之者, 好之者不如樂之者"라고 하는 교훈을, 셋째 수에서는 "어진 사람은 재물로써 자기 자신을 발전시키고, 어질지 못한 사람은 몸을 바쳐 돈을 모으는 데만 힘쓴다仁者 以財發身 不仁者 以身發財"라는 교훈을 떠올리게 하니, 독자들에게 던져주는 자아 성찰의 가르침이 크게 공감이 간다.

    시는 주관적 정서를 주로 표현하는 문학이지만, 때로는 삶의 진실을 솔직 담백하게 담아서 운율감 넘치는 시조 형식을 통해 정형시로 표현하면 훨씬 더 생명력 있는 글이 된다. 요즘 우스갯소리로 하는 '3행시' 놀음에서 첫 자만 운에 맞춰 비속어로 말장난을 하는 경향이 많은데, 이것을 기왕이면 정서적인 시어로 시조의 운율 형식에 맞게 풀어내면 시조 발전은 물론, 멋진 풍류 사회가 전개될 것이다. 이 글은 이런 면에서 본보기가 되며, 진솔 담백한 교훈성과 자아 성찰의 계기도 마련해 주어서 퍽 감동적인 멋진 시조이다.

풀잎 사랑

천옥희

비 오면 비를 맞고 햇볕 나면 해 바라다
바람이 흔들대면 같이 놀자 어우르고
그래도 달 밝은 밤엔 하얀 울음 우는 풀잎.

푸른 밤 별 떨어져 풀잎 위에 쏙 내리면
첫마디는 뭐라 할까 어떻게 맞으려나
그 사람 먼발치에서 내가 떨 듯 하려나.

평설

'풀잎'은 굵직한 나뭇가지나 갈잎 등과는 다른 가냘픈 존재다. 주변 환경에 그대로 노출되어 있으며, 작은 충격에도 잦은 흔들림이 발생한다. 이 글의 공감대는 이러한 연약함에서 비롯된다. '풀잎'은 빗발과 햇볕과 바람과 같이 갖은 시련을 겪으며 함께 어우르며 살아갈 수밖에 없는 미약한 존재이다.

시인은 표현하고자 하는 대상에 대하여 그 선명도를 높이기 위하여 상징과 비유라는 고도의 창작기법을 구사하였다. 이 글에서의 '풀잎'도 가냘프고 연약한 서정적 자아인 화자를 비유하고 있다. 화자는 목에 힘주고 버티고 서 있는 강자들과는 달리, 풀잎과 같이 흔들리기 쉬운 연약한 존재인 까닭에, '달 밝은 밤엔 하얀 울음' 우는 순수한 내면적 그리움이 솟구쳐 흘러나오고 있다. 그리움은 기다림을 낳고 대상과 자아와의 내적 동일화 감성을 유발해 낸다. 이 글에서 '별'은 어쩌면 '그리운 임'을 비유할 터인데, 소망하는 때에 그 임이 불현듯 나타난다면 '첫마디는 뭐라 할까 어찌 맞을까', '그 임도 먼발치에서 풀잎같이 나처럼 흔들리고 떨 것인가' 하고 감상적인 상상의 나래를 펼치고 있다.

이 글은 '풀잎'이라는 가냘픈 소재를 취택하여 연약한 자아의 사랑 감성을 매우 잘 표현하였다. 특히 여성적 그리움의 심리와 서정성이 두드러져 작품성이 높은 멋진 시조이다.

이런 미학

최순향

흐르지 않는 것은 이미 강이 아닙니다
버릴 것 다 버리고야 겨울 숲이 숲이 됩니다
그래요 바람이 옵니다 강과 숲을 건너옵니다.

제 살을 깎고 있는 그믐달이 참 곱네요
하늘 두고 떠나가는 철새 떼도 그렇구요
노을은 찰나로 하여 또 얼마나 아름다운가요.

평설

 '미학'이란 남들이 느끼지 못하는 평범한 사물의 현상에서 아름다움을 느끼는 것을 의미한다. 학문에 전진하면서 궁구하고 나이를 먹고 글을 쓰다 보면 부딪치는 사물을 또 다른 각도에서 인지하게 되고 개성적으로 바라보는 안목도 트이게 된다. 소위 '개안開眼'이랄까?
 이 글은 세월의 뒤안길에서 바라보는 자연현상과 삶의 철학이 잔잔하게 잘 드러난 좋은 글이다. 강은 흘러가야 강이고, 산은 다 벗어버려야 새로운 숲이 들어서고, 달은 제 살을 깎아내야 만월의 기쁨이 도래하며, 지는 마당의 노을빛은 새로움을 향한 버리는 순간이기에 더욱 아름답다는 작가의 관조적 안목과 시상이 큰 감동을 자아내고 있다.
 흐른다는 것은 살아 있다는 증거이며, 떠나거나 버린다는 말은 새로운 탄생을 위한 날갯짓이니, 누구든지 이러한 철학적 관조적 상념 위에 긍정적 안목을 지니고 살아가면 아마도 아름다운 이상향의 삶이 전개되지 않을까?

열쇠

최언진

아무나 열 수 없고 닫을 수도 없다 하는
마법의 성 이 가슴에 풀지 못한 주문 걸고
열쇠의 비밀번호를 가지고 간 마법사.

오늘 밤 꿈속에서 날개를 주신다면
멀고 먼 구만리길 그대 찾아 내 가리라
속 모를 그대 가슴엔 아직 내가 사는지.

평설

 이 글에 쓰인 서정적 자아의 마음은 아무나 여닫을 수 없다. 오로지 이 가슴에 풀지 못한 주문 걸고 열쇠의 비밀번호를 가지고 간 그대, 그 사람만이 열 수 있다. 이 글의 서정적 자아는 그대 가슴엔 아직 내가 살고 있는지, 속 모를 그대에게 꿈속에서나마 달려가 사랑의 실체를 확인하고 싶다. 먼저 떠나버린 임을 그리워하는 여인의 사랑 감성을 너무나도 실감 있게 표현한 이 글은 독자들의 심금을 울린다.
 이 글이 독자들에게 큰 감동을 불러일으키는 이유는, "열쇠"라는 객관적 상관물을 중심으로 한, 간절한 여인의 소망 의식과 그것을 표현하고자 불러 모은 시어들이 적합한 비유와 조합으로 시조의 맛과 멋을 한껏 살려내고 있기 때문이다.

노랑 코스모스

최은희

혼절한 불덩이가 계림 앞에 가득하다
천 년 전 별빛 마냥 첨성대를 에워싸고
하늘은 그 불길 잡으려 빗방울을 던진다.

꽃잎에 적바림된 금관 빛 숨은 얘기
켜켜이 응어리진 속 가을비로 씻어가며
못다 쓴 왕조의 전설 한 장 한 장 펼친다.

평설

하늘 높은 가을철이다. 하늘하늘 한들거리는 코스모스길을 걷다보면 슬며시 누군가를 그려보는 그리움이 저절로 생겨, 코스모스 몸매처럼 내 마음도 어느새 흔들거리고 있음을 느끼곤 한다. 코스모스(cosmos)는 '우주'라는 뜻을 내포하고 있고 꽃말은 '순정'이다

그런데, '노랑 코스모스'는 '금계국金鷄菊'과 비슷하며 일반 코스모스와는 그 품종이 좀 다르다. '황화코스모스'라고도 부르고 꽃은 7~9월에 피는데 주황색이며 황금빛으로 번쩍이며, 일반 코스모스에 비해 잎이 넓고 끝이 뾰족하게 갈라져 있다.

이 글은 첨성대를 둘러싼 계림의 땅에 금관 빛으로 일렁거리는 '노랑코스모스'를 발견하고 그 황화의 이미지를 신라 천년의 찬란한 황금 문화에 빗대어 멋지게 형상화해 놓았다. 태양 빛 황금빛으로 뜨거워진 불길을 잡으려 때마침 빗방울을 던진단다. 꽃잎에 적바림된 금관 빛 숨은 얘기, 못다 쓴 왕조의 전설이 꽃잎에 숨어 있다가 시인에 의해 다시 들려 나오는 듯하다. 황금빛 꽃잎에 묻어 있는 역사적 사연이 화자의 아름다운 시상 때문에 멋지게 형상화된 표현이 크게 감동을 주는 좋은 시조이다.

참새들의 일

최재영

허다한 잡설들이 공원 바닥 떨어지니
콕콕콕 흙 묻은 걸 쪼아 먹고 하는 말로
가리자 시시비비를 참새 둘이 엉겼다.

일상에서 침 흘리며 먹이 보고 둘러앉은
주변의 참새들도 아전인수 간판 들고
덩달아 편을 나누어 야단법석 달려든다.

평설

노자는 도덕경에서 '다언삭궁 불여수중多言數窮 不如守中'이라 하였다. '말이 많으면 자주 궁지에 몰리게 되니, 차라리 말을 아껴서 중간을 지키는 것만도 못하다'라는 말이다. 또 당나라 풍도馮道는 '구시화지문口是禍之門 설시참신도舌是斬身刀'라 했는데, 이는 '입은 곧 재앙의 문이요, 혀는 곧 몸을 베는 칼이다'라는 경고의 말이다. 이는 모두 말 많음으로 인한 재앙을 경계한 말이니, 누구든지 입을 닫고 혀를 깊이 감추면 가는 곳마다 몸이 편안할 터인데, 그리 못하는 인간의 현실 세계를 질타하고 있는 것이다.

위의 글에서 말 많은 이들은 공원 바닥에서 콕콕콕 모이를 경쟁적으로 쪼아 먹는 '참새들'로 비유되고 있다. 인간 참새들은 침 흘리며 먹을 것을 호시탐탐 노리다가 아전인수의 간판을 들고 서로 자기의 이익에 따라 편을 갈라 야단법석 입씨름하며 싸우고 있으니, 이 어찌 한탄할 노릇이 아니겠는가? 물고기를 낚을 때는 입을 겨냥하여 낚싯밥을 던진다. 입조심을 하지 않으면 어느 틈엔가 올무에 낚이어 낭패당하게 된다는 진리를 잘 일깨워 주는 좋은 글이다.

훔치고 싶은 사람

최정희

분별을 숨겨두고 두 팔로 감싸 안고
겸허히 내려놓아 언제나 싱글벙글
있는 듯 없는 듯하여 빛이 되는 임이여.

눈앞의 현상 너머 내면을 바라보고
끝없는 자기 성찰 향기가 나는 그대
오고 감 걸림이 적어 바람처럼 사는 임.

평설

이 글은 주제 면에서 볼 때, 보통의 다른 작품들과는 상당히 색다르다.

어떤 사물에 대한 묘사에 치중하기보다는 인물을 대상으로 그 인품에 대한 찬미의 성격이 짙게 드러났기 때문이다. 제목에서부터 눈길을 끌어 내용에 대한 호기심과 궁금증을 더해 준다. '훔치고 싶다'니, 아마도 좋아서 가까이 다가가고 싶었고, 나의 사람으로 만들고 싶었던 인물일 게다.

화자가 이 글에서 찬미한 이상형의 인품으로는, 이러쿵저러쿵 시비를 따지지 않고 모든 것을 다 감싸 안는 포용성, 지나치게 나서거나 잘난 체하지 않는 겸허함, 끝없이 자신을 돌아보며 반성하는 자기 성찰, 순리대로 따르기에 원만하며 걸림이 적은 인물형이다. 이 글은 이러한 대상, 즉 '임'의 인물됨을 시적으로 아주 잘 표현해 내어 큰 감동과 공감대를 형성하고 있다. 하나의 글이 생명력을 확보하려면 독자들에게 무언가 깨달음의 철학까지 제공해 주어야 하는데, 이 글은 인격 수양의 표본을 제시하며 아포리즘(aphorism)의 미학이 반짝이고 있어, 큰 공감을 던져주는 생명력 있는 좋은 시조이다.

저것 봐, 움트네

최추상

시조시 삼장 육구 내 울 안에 뿌리내려
비로소 눈 뜬 기쁨 정겨웁던 창작 산실
정형시 한 편 읊으며 들떴던 날 엊그제다.

천년 시 시조 문학 송곳 강의 귀에 담고
함축된 시어 속에 지난 사 년 꿈만 같아
밑동에 새싹은 움터 머리 들고 눈 떴네.

평설

이 글은 스승과 제자 간의 뜨거운 인연의 끈이 얼마나 곡진한가를 잘 나타내 주고 있는 시조이다. 이 글을 읽으면 우선 그 제목의 특이함이 눈길을 끈다. '저것 봐'라고 주의를 환기시킨 다음, 수행 속에 움터 가는 자아의 모습을 보란 뜻이다. 이 글은 스승에게서 시조 창작을 즐겁게 배우다가 4년 만에 수료를 한 노시인이, 그 만남의 인연에 따른 행복감과 종강의 아쉬움을 고백한 시조이다.

'회자정리會者定離'라 하였듯이, 만났다 헤어지는 게 인간의 상정이거늘, 얼마나 스승의 가르침이 감사했고 소중했기에 이리도 애타는 아쉬움의 노래가 나올 수 있단 말인가! '이청득심以聽得心'이라 하였는데, 이 글의 화자는 분명히 강의 시간에 집중하여 경청함으로써 가르치는 스승의 마음을 샀을 것이며, 그러기에 그 강의 내용이 쏙쏙 뇌리에 들어와 박혀 '송곳 강의'라고 표현했을 것이다. 사제 간의 인연은 부부보다도 부자간보다도 더 의미 깊고도 신비롭다고 한다. 스승의 그림자는 밟지도 않는다고 했는데, 도덕 질서가 무너져가는 패륜의 시대에 이러한 스승 공경의 시조는 읽는 이의 마음을 한껏 감동시키면서 소망으로 이끌어주니, 그 배움의 자세와 겸허함에 절로 고개가 숙어진다.

회춘의 꿈

한익환

비바람 천둥번개 심술을 부리지만
지는 해 산 넘으면 돌고 돌아 아침 오고
눈물도 많이 고이면 마른 가슴 싹이 튼다.

무심한 거친 세월 주름살은 더 깊은데
아직도 푸른 노심 어느 하늘 기대 섰나
노을빛 기슭에 서서 주먹 불끈 쥐어본다.

평설

　조선 세종 때, 5세 신동 김시습金時習은 허조許稠라는 노 재상이 '늙을 老자'를 가지고 글을 지어보라고 했을 때, 즉석에서 "老木開花心不老"라고 답하여 임금은 물론 주변 사람들을 깜짝 놀라게 하였다. 노 재상 앞에서 "늙은 나무에 꽃이 피었으니 마음만은 늙지 않았구려" 하는 신동의 재치 있는 화답이 그 얼마나 상대방을 신명 나게 한 일이었는가! 이러한 일화는 늙고 쇠락하여 꼬부라진 노심에 새로운 활력을 불어넣어 준다.
　누구든지 장수하려고 수복강녕壽福康寧을 원하지만, 인명人命은 재천在天이라 맘대로 안 되는 것이 인생이다. 그러나 '일체유심조一切唯心造'란 말과 같이, 마음먹기에 따라서는 육신은 늙었어도 마음만은 젊으면 봄바람 활력으로 노익장의 여생을 보낼 수 있다. 이 글은 이러한 회춘回春의 소망을 우주의 윤회 질서 앞에 긍정적 순응적 자세로 임하면서, 남은 삶은 푸른 기상으로 살아가고자 하는 굳은 의지를 보이고 있어 큰 감동을 준다. 눈물 즉 고난의 세월도 쌓이고 쌓이면 메마른 가슴에 소망의 싹이 돋고, 늘그막에 노을빛 기슭에 서서 주먹 불끈 쥔다고 하니, 그 활력 넘치는 삶의 의지가 사뭇 젊은이 못지않다.

매화꽃 한 가지 피워 놓고

한휘준

그대의 부드러운 입술 향기 머금어서
봉긋한 두 가슴을 맴돌고 돌다 보면
온몸에 소름 돋아 난 이 발칙한 그리움.

은하의 잔별들이 밤새워 쏟아졌나
백설 분분 겨울 끝에 봄은 멀리 기별 없고
매화꽃 가지마다에 열꽃 피는 예쁜 미소.

평설

그리움은 늘 창작의 모티브다. 사랑은 그리움의 다른 이름이기에 항상 절실하고 애틋하다. 진정한 사랑은 설레는 가슴으로 만나고 느껴지는 것이니 성큼 다가서기에 망설여지고 이따금 두렵기도 한 것이다. 그러기에 윗글에서는 자신의 사랑의 실체를 의인화 기법으로 부끄러움과 면구스러움에서 우러나온 '발칙한 그리움'이라고 낯선 표현을 하여 시선을 끈다.

이 글에서 절실한 그리움은 밤새워 쏟아지는 은하의 잔별들과 같다. 비록 잔설이 가기 싫어 겨울 끝에 버티고 있지만, 작가는 그대의 찬 뜨락에서나마 잔별들로 쏟아져 머물고 싶어 하며 그리움의 가슴앓이를 한다. 거기에는 매화꽃으로 피어 있는 그대의 지조와 열정, 그리고 꽃처럼 예쁜 미소가 반겨 맞아 주고 있기 때문이다. 이러한 글은 작가의 진솔한 사랑 감성과 그리움이 물씬 묻어나기에 퍽 인상적이다.

겨울꽃

함세린

반 평쯤 될까 말까 내 가슴 야윈 꽃밭
아직도 지지 않고 곱게 핀 꽃이 있어
싸락눈 몰아쳐 와도 질 생각을 안 하네.

고약한 칼바람이 무시로 휘돌아도
언제나 잔잔하게 눈물만 글썽이네
언제쯤 웃어볼까나 꽃이 피듯 그렇게.

평설

 시조는 절제된 형식으로 무한의 의미를 전달해 주는 우리 고유의 뿌리 문학 장르이다. 이 글에는 칼바람 몰아치는 어둠의 뒤안길에서 겪어내야 했던 슬픔과 그 장벽을 뛰어넘어 새로운 기쁨의 장을 맞이하고자 하는 여인의 소망과 인고忍苦의 정신이 잘 나타나 있다. '겨울꽃'은 이러한 여인의 심경이 잘 나타난 시어이리라.

 눈물 젖은 빵을 먹어보지 못한 자는 인생을 논할 자격이 없다. '겨울꽃'은 차가운 세월의 슬픔과 인내를 머금은 눈물의 꽃이다. 안일한 입장에 서 있는 이들에겐 예외이겠지만, 서릿발 거친 칼바람에 시달려 앞길이 막히고 육신마저 쇠잔해져 눈물샘이 펑펑 쏟아져 내리는 이들에게는 눈앞의 먼발치에 씌어 있는 봄꽃들까지 아주 잘 보인다. 그러기에 이 글에서 화자는 '언제쯤 웃어볼까나' 하며 봄꽃이 화사하게 활짝 피어나듯 그렇게 웃어볼 날을 학수고대하고 있는 것이다.

 시적 사유의 깊이는 인생의 깊이와 비례한다. 인생 번뇌와 질고의 경지를 계절의 감각으로 버무려 독자들에게 소망의 꽃이 피게 하며, 깊이 있게 전개해 나간 시적 솜씨가 돋보이는 작품이다.

망부석望夫石

허용희

마음껏 소리 내어 불러보고 싶어 한들
달려가 포근한 품 안겨보고 싶어 한들
골 깊은 두 볼 사이로 애절함만 흐르고.

펼 처진 두 팔 안에 숨죽인 아쉬움이
고개 떨군 가슴속엔 못다 푼 속삭임만
켜켜이 응어리 되어 돌탑 되어 머무네.

평설

　이 글은 신라 충신 박제상朴堤上 부인의 애타는 '망부석望夫石'이 연상되는 글로서, 멀리 적멸의 세계로 가버린 남편을 불러보는 여인의 애절함이 절절히 흘러 여성적 감성이 넘치는 시조이다. 아무리 불러 봐도 대답이 없고, 안겨보고 싶어 한들 이룰 수 없는 여인의 한 맺힌 애절함이기에 '못다 푼 속삭임이 응어리 되어 돌탑이 되었다' 하니, 그 그리움의 사연이 생생히 돋아나 독자들의 가슴을 친다.

　'기다림'과 '그리움'은 그 동인動因을 같이 한다. 비록 돌아올 수 없는 저편 세계로 가신 임이라 할지라도 살아생전에의 정분이 너무나 곡진하기에 망부석이 되어 늘 기다리며 살아가고 있다는 여인의 애정 심리가 '돌탑'이라는 시어에 잘 응축되어 있다.

　이 글은 풍부한 여성적 감성과 매끄러운 시어의 조탁미가 반짝반짝 빛나며. 적절한 비유와 시적 영감을 통해서 애정 심리를 잘 드러낸 좋은 시조이다.

항아리

황인만

배꼽을 만졌더니 까르르 웃는 아기
뚜껑을 열었더니 엄마 웃음 한가득
살며시 껴안았더니 아빠 가슴 뜨겁다.

천년을 빚어 온 물레질의 손자국
해님과 달님의 탯줄 내린 빛줄기
항아리 둥근 몸속에 조상 숨결 들린다.

평설

　이 작품은 '항아리'의 속성을 아주 잘 묘사해 내고 있다. 첫째 수에서는 항아리를 만지거나 껴안아 주는 부위에 따라 '까르르 웃는 아기', '엄마의 웃음 한가득', '뜨거운 아빠 가슴'으로 흥미롭게 시상을 전개하여 상당히 정겹고도 참신한 느낌을 안겨 준다. 손잡이 꼭지를 배꼽으로 비유하고 그 배꼽을 만졌더니 간지러워 까르르 아기가 웃는다고 하고, 뚜껑을 열었더니 엄마 웃음 한가득이라니, 이 얼마나 재치 있고 흥미로운 유추인가?

　둘째 수에서는 항아리 제조에 담겨진 심오한 역사 유래를 적합한 비유로 생동감 있게 그려 내었다. 장인匠人 도공陶工의 손길로 빚어낸 항아리는 해님과 달님의 영혼이 들어간 대자연의 산물이며, 그것의 둥근 몸속에는 조상의 숨결이 살아있다고 하였다.

　이 글은 전통 산물의 특성과 모양을 관찰하고 그것을 작가만의 세미한 교감과 물아일체의 상념으로 개성적, 관조적으로 묘사해 낸 솜씨가 놀라울 정도이다. 사물을 들여다보는 관심법觀心法과 그것을 의인화시켜 의미부여 하는 작가의 시적 승화 능력昇華能力이 두드러지게 나타난 수준 높은 작품이다.

현대시조의 맛과 멋

1판 1쇄 발행 2023년 9월 30일

지은이 | 이 광 녕
펴낸곳 | 열린출판
등록 | 제 307-2019-14호
주소 | 경기도 고양시 덕양구 권율대로 656, 1401호
전화 | 02-6953-0442
팩스 | 02-6455-5795
전자우편 | open2019@daum.net
디자인 | SEED디자인
인쇄 | 삼양프로세스

ⓒ 이광녕, 2023
ISBN 979-11-91201-51 2 03810

*책값은 뒤표지에 표시되어 있습니다.
*저자와 협의하여 인지를 생략합니다.